海关管理评论（第六辑）

——对外经济贸易大学海关管理专业成立50周年纪念文集

崔景华　李海莲　王树文　主编

对外经济贸易大学出版社
中国·北京

图书在版编目（CIP）数据

海关管理评论. 第六辑，对外经济贸易大学海关管理专业成立50周年纪念文集 / 崔景华，李海莲，王树文主编. -- 北京 : 对外经济贸易大学出版社，2025. 2.
ISBN 978-7-5663-2680-5

Ⅰ. F745.2-53

中国国家版本馆 CIP 数据核字第 2025A1T805 号

海关管理评论（第六辑）

崔景华　李海莲　王树文　**主编**

责任编辑： 汪　洋

出版发行：对外经济贸易大学出版社
社　　址：北京市朝阳区惠新东街 10 号
网　　址：www.uibep.com
资源网址：www.uibepresources.com
邮政编码：100029
邮购电话：010－64492338
发行部电话：010－64492342
E-mail：uibep@126.com

成品尺寸：185mm×260mm
印　　张：10.5
字　　数：223 千字
ISBN 978-7-5663-2680-5
印　　刷：北京九州迅驰传媒文化有限公司
版　　次：2025 年 2 月北京第 1 版
印　　次：2025 年 2 月第 1 次印刷
定　　价：52.00 元

序言

海关是全球经济的"大门"，是国家经济发展的重要支柱。在全球化的背景下，各国之间的贸易往来日益密切。海关作为国家经济安全的重要屏障，承担着守护经济命脉的重任。党的二十届三中全会统筹国内国际两个大局，紧紧围绕推进中国式现代化，对进一步全面深化改革作出系统部署。在这一新的时代背景下，海关处在国内国际双循环的交汇枢纽，承担着维护国门安全和促进对外开放的重要职责。

2024年，无论是对于海关职能部门，还是对于对外经济贸易大学政府管理学院海关管理专业而言，都是具有非凡意义的一年。对于海关机构而言，2024年在以习近平同志为核心的党中央坚强领导下，全国海关上下一心、砥砺奋进，讲政治见行动，践行"两个维护"更加坚决；抓改革提效能，服务大局成效更加彰显；强监管防风险，国门安全屏障更加牢固；优服务促便利，助力开放发展更加有为；固根本保运行，综合保障支撑更加有力；强素质严纪律，全面从严治党更加深入，为我国经济社会发展取得新进展新成效作出了海关应有的贡献。而对于对外经济贸易大学海关管理专业而言，2024年是海关本科教育事业中具有划时代意义的一年。对外经济贸易大学海关管理专业1974年成立，2024年正好走过了50年的发展历程。

50年的专业发展历程中，对外经济贸易大学政府管理学院海关管理专业秉承着为国家贸易监管事业培养高质量人才的宗旨，为海关系统和关务领域输送了大量人才。谨以此书来纪念海关管理专业建设50周年。

《海关管理评论（第六辑）》包括学系建设纪念文章、数字贸易、税收征管、海关法律法规、原产地规则、海关统计、海关课程讲授模式等领域的研究内容，较为全面地探讨了当前海关管理学科和业务实践领域的重要问题，为海关学科理论发展、业务改革和人才培养提供了具有针对性的完善建议。

编　者

2025年2月16日

于贸大求索楼

目录

专家特稿

自由贸易

贸易壁垒

海关监管

教学研究

海关法律

专家特稿

新中国海关事业的卓越领导者朱剑白①

骆宝仁

（对外经济贸易大学）

今年（2024 年）是海关总署成立 75 周年，也是对外经济贸易大学海关专业设立 50 周年。前者是国家大事，后者只是一所高校的事，且两者相隔 25 年，似乎风马牛不相及。然而一位特殊的人物，将两者串了起来，他就是朱剑白。

图 1　朱剑白同志

资料来源：朱剑白之女朱大玲提供

新中国成立初期，外贸业务干部极其缺乏，尤其是缺乏能够熟练地运用外语开展业务的干部。为此，国家兴办了专门培养外贸人才的高校——北京对外贸易学院（简称“贸院”），一方面培养大学生，另一方面依托学院开展干部进修。

1954 年 10 月 16 日，对外贸易部（简称“外贸部”）发出《关于加强各直属单位业务学习的决定》和《关于加强在职干部外国语学习的决定》。决定指出“干部业务知识不足，业务不精，已成为对外贸易中继续前进的主要障碍”，同时规定业务学习的成绩“应作为鉴定和提拔干部的标准之一”，“外国语学习三年期满后举行结业考试，对及格者应发给证书，并增加薪金”。

此后，一些外贸战线上的干部先后来到贸院进修。这其中就有时任天津海关关长的朱剑白。他在贸院进修英语二年（1958—1960 年），获得了学院颁发的结业证书。

朱剑白所在的干训班，除了学习政治理论、外贸业务外，主要是学习英语。当时，他尽管已迈入“不惑”之年，但为了工作需要，仍然克服各种困难，兢兢业业，潜心攻读。因为革命实践使他体会到，知识就是力量，社会主义建设需要又红又专的人才。在班里，朱剑白同志不仅成绩优秀，还是一班之长。他风趣地说：“在旧社会我念过些三民主义的英语，但语法学得不好，我的语法是在贸院学的。”多年后，他多次提到他的英语老师林葆冰、张定令教授，话语间流露了老校友对培养自己的师长的敬意和眷念。

结束了在贸院的进修，朱剑白在中国驻印度大使馆商务参赞的岗位上服务了两年，

① 本文经朱剑白之女、作者大学同学朱大玲女士及在海关总署工作过的校友审阅认可。

回国后调到外贸部海关管理局工作。

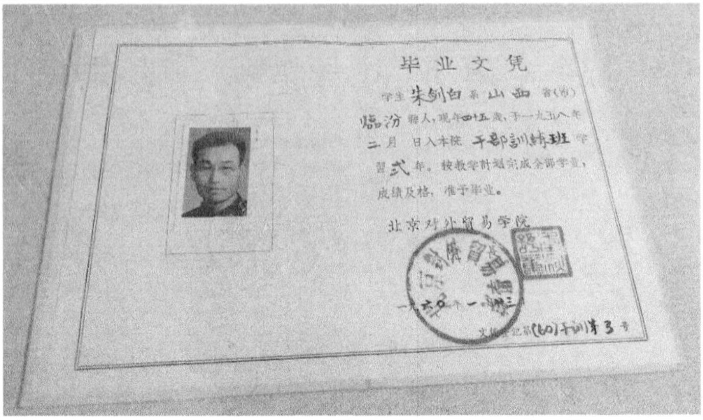
毕业文凭

学生朱剑白系山西省(市)临汾县人，现年四十五岁，于一九五八年二月 日入本院干部训练班学习弍年，按教学计划完成全部学业，成绩及格，准予毕业。

北京对外贸易学院

图 2　朱剑白在北京对外贸易学院干训班的毕业文凭

资料来源：中国海关博物馆

两年进修使得朱剑白的英语水平大有提高，助力其从事海关管理工作及国际交流。也正是这两年求学经历使他在后半生与贸院结下了缘分，他的一双儿女先后选择在贸院读大学，他还指导和支持在贸院设立了海关管理系，培养海关专业人才。

人民政府任命的海关税务司

1949 年 4 月 14 日，华北人民政府任命朱剑白为天津海关税务司。

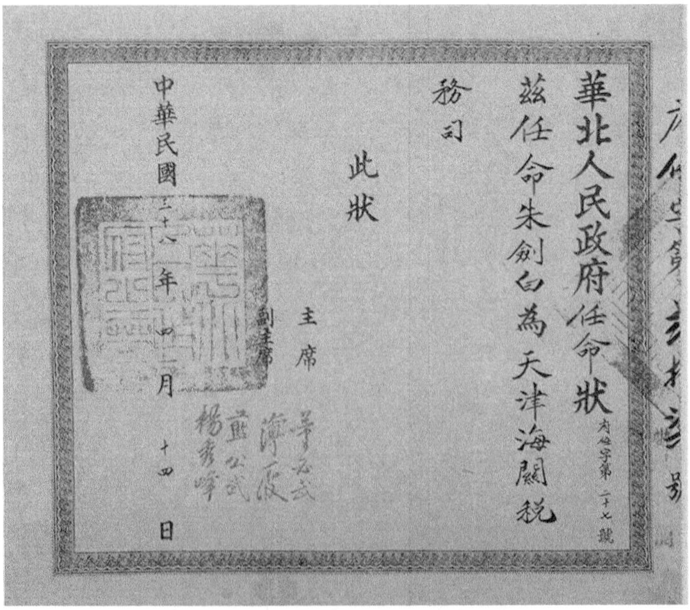
華北人民政府任命狀

內政字第二十七號

茲任命朱劍白為天津海關稅務司

此狀

主席

副主席

中華民國三十八年四月十四日

图 3　华北人民政府颁发的任命状

资料来源：中国海关博物馆

此时距规定新中国采用公元纪年法的新政协召开还有半年，因此任命状仍采用民国纪年。任命状由华北人民政府主席董必武签署，副主席薄一波、蓝公武和杨秀峰副署。

在旧中国，税务司是各海关的一把手官职，而总税务司是全国海关领导机构——总税务司署一把手的官职。人民政府管理的海关，一把手不叫关长而沿用旧海关的官职，正反映出当时中国海关处于短暂的新旧交替时期。而朱剑白在这个交替进程和而后人民海关的筹建中发挥了重要作用。

朱剑白，原名朱桂蕊，1924 年 9 月出生于山西省临汾县城姚家胡同一个城市贫民家庭。靠家里节衣缩食和半工半读，朱剑白读完小学和初等师范，毕业后担任小学教员。他深受进步思想的影响，在师范学校读书期间，就两度组织过驱赶反动校长的斗争，并取得胜利。他宣传抗日救国思想，参加革命斗争，并于 1937 年 5 月光荣地加入中国共产党。

从 1939 年到 1948 年，朱剑白先后担任过山西第三专员公署财政科税务股长、冀南太行太岳行政联合办事处财政处税务科长、晋冀鲁豫边区税务总局稽征科长、漳北区税务分局长、晋冀鲁豫边区工商总局税务工商行政科长、商务副处长，晋冀鲁豫边区税务稽征总局长兼边区政府财政厅税务科长、晋冀鲁豫边区政府贸易厅秘书主任、华北人民政府工商部出入口处处长等职务。鉴于朱剑白丰富的革命斗争经验和在解放区从事财税和经济管理的出色经历，被组织选调出任天津解放后的津海关税务司，代表我党和人民政府改造旧津海关使之成为人民的新天津关，行使国家的海关权利，为支援全国解放战争和建设新中国服务。

在朱剑白上任之前，天津关已经经历了三个月的接管工作。1948 年 12 月 15 日，天津解放。同日，中共中央电示华北局，同意成立天津市军事管制委员会（军管会），抽调干部接管天津所有的军事、行政、文化机构，公营企业和国家财产，对旧天津进行彻底改造。负责接管海关等单位的领导机构是军管会接管部对外贸易接管处。接管人员进入天津市区之前，市委书记、市长黄敬与负责接管海关的负责人江明谈话，强调对津海关要尽可能完整地接收下来，不要打乱原机构，利用旧有人员，尽快恢复业务；再通过调查研究，对原有的政策、制度逐步加以改革。12 月 16 日，接管组顺利进入津海关税务司公署和商品检验局等单位，要求旧海关人员坚守岗位，配合接收。接管组把四五十名接管干部派到各课，掌握人事、财务、业务等方面领导实权，根据所造清册，清点物资、文件、档案、账目。通过思想教育，绝大多数旧海关人员思想觉悟得到提升。

朱剑白上任后，调整旧海关的组织机构，改革人事制度，实行德才兼备、量才使用的干部政策，废除旧海关不合理的薪酬待遇；同时改革业务制度，取消与海关无关的业务职能，如邮政、港务管理、气象、引水等。

当时天津是全国仅次于上海的第二大港口，北方最大的对外贸易口岸，辐联北平、秦皇岛、塘沽等地。另外，北洋政府时期海关领导机构的财产和在北平的海关机构，“人马”、设备等都归津海关管理。津海关的接收对维护天津的秩序稳定、经济恢复、生产发展很重要，而且对尚未解放的北平、上海以及全国都有影响。津海关的接收经验对以后大城市的接管工作具有重要的借鉴作用，也为新解放地区的海关接收和建设提供了干部储备。

参与筹建海关总署

面对不久后解放战争在全国取得胜利，党的工作重心由农村转向城市的前景，在党的七届二中全会上，毛泽东主席指出要“立即统制对外贸易，改革海关制度，这些是我们进入大城市的时候所必须首先采取的步骤”。同年 5 月 31 日，刘少奇同志也明确指出：在应陆续建立的中央财政经济部门中，海关总署为负责管理全国海关的独立行政部门。同年 9 月，在北京召开的全国海关工作座谈会上以及此前召开的中央财经工作会议上，陈云同志几次讲话也明确指出，未来海关总署属于中央人民政府的直接组成部门。

1949 年 8 月，中央财政经济委员会（中财委）设立了海关总署筹备处（简称“海关处”），调抚顺市①市委书记兼抚顺市卫戍司令部政委孔原负责筹建工作。孔原来到天津，在海关住了一个多月，开展了深入的工作调研。在调研基础上，形成了一个以海关总署筹备小组名义的《关于建立海关总署工作的初步意见》报告，由孔原与华北人民政府工商部部长姚依林、津海关税务司朱剑白共同签署，于 1949 年 8 月 13 日联名上报中央。该报告对未来海关总署的组织机构、领导体制、海关税则、业务制度等提出具体意见。

为做好海关总署的筹建工作，进一步了解全国各地海关工作情况并听取各方意见，中财委于 1949 年 9 月 23 日至 10 月 6 日，邀集老解放区（东北、山东解放区）海关代表、新解放区（天津、上海、汉口等）海关代表和国民党统治区（九龙等地）海关代表共 36 人，在北平中财委海关处召开全国海关工作座谈会。与会代表还有率海关华员起义迎接上海解放的原海关总税务司署副总税务司丁贵堂。天津海关在全国各海关中派出代表最多，有朱剑白等 8 人，占代表总数 22%。

苏联海关专家克里夫立什内赫莅会并介绍苏联海关的组织形式与职责任务。

在了解情况、交流思想的基础上，会议研究了接管旧中国海关的有关问题，并就新中国海关的工作方针、职责任务、组织机构形式、领导体制及涉及海关业务与行政的验征、税则、查私、海务、统计、人事等问题进行了充分商讨，确定实行“独立自主、集中统一”的垂直领导体制。会议讨论结果以报告及各项建议作为建设新中国海关的参考。与此同时，中财委海关处陆续从原海关总税务司署、江海关、津海关、九龙关及解放区各关中遴选人员参与组建海关总署机构。

① 当时抚顺市是中央直辖市。

图 4　全国海关工作座谈会代表合影照片（1949 年 9 月 23 日）

资料来源：中国海关博物馆

1949 年 10 月至 1953 年 1 月，中华人民共和国海关总署直属于政务院。1953 年 1 月，海关总署与外贸部对外贸易管理总局合并组成中央人民政府对外贸易部海关总署，各地海关与各地方外贸局合并，其建制仍直属于总署（史称“关局合并”）。

1955 年，地方海关受外贸部和所在地省或直辖市人民委员会双重领导，并受该省（市）对外贸易局指导，打破了海关垂直领导体系。1960 年 11 月，全国各地海关体制下放给各省、直辖市、自治区领导。1961 年 5 月，外贸部海关总署更名为外贸部海关管理局。朱剑白在丁贵堂先生退休后，接任海关管理局局长职务。

在困境中努力推进海关工作

1966 年 5 月开始的“文化大革命”，使包括海关工作在内的各项事业都遭受了严重损失。

1968 年 11 月，海关与商检部门合并成立外贸部第三业务组，后改称第四业务组、海关商检局。1973 年，恢复海关管理局建制。

朱剑白在回忆“文化大革命”使海关工作遭受新中国成立以来“最严重的挫折”时，举出四方面的问题：首先，由于极“左”思潮严重干扰，海关人员能否坚持工作岗位都成了问题，大批海关专业人员被迫离队；二是如何推进海关业务工作；三是设备严重不足，科技工作中断；四是海关教育停办已久，如何恢复。

朱剑白在李先念同志和外贸部有关领导的正确关怀、指导、支持和坚强有力的帮助下，坚持岗位、抵制错误、努力工作，较好地解决了上述问题，使海关工作走过了最困难的阶段。他领导外贸部海关管理局于 1971 年 12 月至 1972 年 2 月召开全国海关工作会议，外贸部部长李强先后三次到会讲话，安定人心，鼓舞大家克服困难，坚持和推动海关工作。1973 年，李强安排朱剑白参加全国外事工作会议和边防工作会议，全面了解和掌握会议精神，落实政策，使一些已经离开海关的懂业务的人员归队。1973 年 5 月，召开全国查私工作会议。会议提出：要加强调查研究，掌握反走私斗争的主动权；加强部门间联系配合，推动联合查私；放手发动群众，充分调动群众反走私斗争的积极性；改进技术设备，提高技术检查水平。这项工作的推进对全面恢复和推动海关工作起到了突破口的作用。在李先念同志的关怀下，海关与有关部门合作，先后研制和购进了计算机、检测仪、透视仪、远红外仪、移动联络电话等，安装在车船和现场。又在姚依林、李强同志的指导下，举办科技设备应用训练班，召开科技工作座谈会，制定发展规划和科技制度，从而提高了海关工作的能力。

海关总署恢复

1980 年，海关总署作为国务院直属机构恢复建制。朱剑白任党组副书记、副署长，到 1983 年退休。

从 1978 年改革开放开始，特别是海关总署恢复以后，到 1984 年，是海关工作转轨定向，为以后大发展打好基础的阶段。朱剑白在党组和署长的领导下，为海关工作做出了杰出的贡献。这个时期，海关工作主要做了以下几件事：一是确立了符合党的新时期基本路线的“依法监督征税，方便合法进出，制止走私违法，保护促进‘四化’”的海关工作基本方针；二是重新确立了我国海关集中统一的管理体制；三是全面恢复和推进了包括海关统计在内的海关各项业务，并在此基础上制订一系列适应当时我国改革开放需要的海关管理政策、法规、制度和办法；四是恢复并推进了海关教育工作；五是确立了海关科技体系和海关科技管理制度；六是确立了适应独立发展海关事业所需的海关财务体制；七是加入了海关合作理事会，扩大了对外交往。

图 5　1979 年朱剑白率团访问西欧

资料来源：中国海关博物馆

指导和支持在贸院举办海关专业本科教学

1974 年，海关管理局为提高海关干部业务水平，在北京对外贸易学院举办海关干训班。后来以此为基础发展为海关专业。当时，对是否办海关专业，存在严重分歧。有些同志以外贸学院没有办海关专业的经验，或者说海关没必要办本科为理由，反对办海关专业。朱剑白等同志则坚持主张要办，指出，经验是从实践中得来的，海关需要本科生，需要大批懂政策、精业务、通外语的管理人才。经过努力，海关专业终于在 1976 年诞生了。1982 年正式将四系明确为海关管理系。海关专业开办之初，尽管当时全国海关干部很缺乏，总署高瞻远瞩，从各关抽调业务上过硬、知识丰富且适合做教学工作的干部来校任教，解决了海关专业教师的空缺难题。多年来，贸大海关管理专业为全国输送了许多海关管理人才，他们在全国各地海关中，成为一支十分重要的骨干力量。

1994 年，学校组织对老领导、老教授的采访，其中包括对朱剑白的采访。采访中朱剑白对贸大海关管理系的建设和发展提出自己的见解。他说："有两个极端要注意。一是不要把对外经贸大学变成外语学院，另一个是不要小看外语作用，这要把握好。外语是我们海关工作的工具，对于大学生来说，显得更为重要。但是又不能放松专业课的学习。你们要掌握各种知识，海关、外贸、法律、交通、财经、外交都要学。我们这一代人都老了，希望寄托在你们年轻人身上。你们是有理想、有知识的大学生，任重而道远呀！"

朱剑白还语重心长地说："我文化水平并不太高，而正是因为这样，我更亲身感觉到知识和知识分子在我国现代化建设中的重要性。海关系统的知识结构很不完善，人才还很缺乏，我们需要大批政治思想好、懂业务、通外语的管理人才。要做到这一点，关键是我们的各级领导同志，要重视智力投资，要尊重知识，要关心和信任知识分子。"

参考文献

［1］梁金成. 尊重知识尊重人才的"老海关"——访朱剑白同志［J］. 人民海关，1985（1）.

［2］朱剑白. 道路崎岖，前程辉煌——庆祝人民海关诞生 45 周年［J］. 中国海关，1994（12）.

［3］春明，东升，来群. 新中国海关总署筹建者朱剑白的青少年时代［J］. 党史文汇，1996（09）.

［4］姚永超，王晓刚. 中国海关史十六讲［M］. 上海：复旦大学出版社，2014.

［5］邢蕴莹. 中国共产党完整接收改造旧海关的成功范例和经验——以接收津海关为例［J］. 海关与经贸研究，2019（04）.

中国海关与国际组织的互动

——以中国海关统计与国际统计规范交流为例

贾怀勤　许晓娟

（对外经济贸易大学）

摘　要：中国海关与国际组织的交往是中国对外开放的重要一环。从改革开放初期中国海关统计与国际统计规范的对接，到近年来中国跨境电子商务统计的经验写入国际统计规范文件，显示出中国海关与国际组织互动模式从单方面学习到双方面交流的显著变迁。本文以中国海关统计与国际统计规范交流的若干事例为基础，对这一过程进行了描述和总结。中国海关在国际上的地位发生的巨大变化，既是中国经济发展成就的重要表现，也是中国海关努力奋斗的卓越成果。

关键词：中国海关统计；国际统计规范；数字贸易测度

1971 年 10 月 25 日，联合国大会通过 2758 号决议，恢复中华人民共和国在联合国组织的一切合法权利。中国重返联合国大会、安全理事会、联合国其他机构后，又陆续返回或加入了其他国际组织。这为中国改革开放营造了有利的外部环境。

1980 年中国海关总署恢复建制后，积极拓展外部联系，学习借鉴国外海关的制度和管理经验。1983 年，中国海关加入作为世界海关组织（WCO）前身的海关合作理事会，通过中国驻欧共体外交使团向 WCO 派驻代表，后来交流越来越密切，中国海关官员出任了 WCO 某些司的司长和所设立的专门委员会的主席。海关总署与其他国家的海关机构也开展了许多双边交流。通过这种交流，中国海关把适合中国的国外海关管理制度和方法引入国内，不断提高中国海关通过海关服务开放型经济建设和国门安全的水平。

需要指出的是，由于中国海关所特有的货物贸易统计数据生产全链条特征[①]，它还与涉统的国际组织，如联合国统计局、世界贸易组织和联合国贸发会议等开展交流。正是

---

① 世界各国的一般情况是，海关只负责收集载有货物进出口信息的报关单，交由平行的政府统计机构做进一步加工。中国则是由海关担负起货物进出口数据收集—数据汇总和整理—数据编制和发布这样的货物贸易统计数据生产全过程。

基于此，海关统计成为中国海关与国际组织互动的一个重要标杆。海关统计的发展历史正是中国与世界发生联系的重要历程，从改革开放初期的单方面学习和对接国际统计规范，到中国海关统计的经验写入国际统计手册，从一个具微的侧面反映了中国在国际上的地位发生了巨大的变化。这既是中国经济发展成就的重要表现，也是中国海关艰苦努力奋斗的卓越成果。

一、中国海关对国际统计规范的单向对接

新中国成立后最初的19年间，受当时国际形势决定的中国对外贸易市场格局所限，海关统计的商品分类、伙伴国统计等，受苏联影响较大。1968—1980年间，海关统计职能中止。20世纪70年代末开启的改革开放，打开了中国与国际社会交流的窗口。国家决定从1980年1月1日起恢复编制海关统计。13年的统计工作断档，反倒使海关统计没有背苏联影响的包袱，从恢复统计的一开始，就直接面向国际社会，采纳和吸收国际组织有关货物贸易统计的规范。

（一）货物贸易基本统计制度

编制海关统计需要有技术性规范指导，才能确保统计工作的顺利开展，使得所编制的贸易数据具有国际可比性。改革开放启动时，国际上通行的统计规范是联合国统计司发布的《国际货物贸易统计：概念和定义》（*International Merchandise Trade Statistics: Concepts and Definitions*，简称IMTS）。[①]1980年1月1日，我国施行改革开放后第一个《海关统计制度》，这一版《海关统计制度》是中华人民共和国成立以来，宏观经济统计制度中第一个与国际标准接轨的统计制度。1980年版《海关统计制度》以IMTS作为基础，统计范围的界定原则以及商品分类、统计价格、数量计量、贸易伙伴国、运输方式等统计项目的定义和统计方法与IMTS保持一致。1980年版《海关统计制度》明确规定，海关统计的任务是对实际进出我国关境货物的品种、数量、价值、国别等进行统计和分析，反映我国对外贸易的发展变化情况。[②]

随着时间的推移和经济环境的变迁，IMTS于1982年进行了第一次修订，1997年进行了第二次修订，目前最新版本是2010年版。与之相呼应的是，伴随着中国对外贸易形势的不断发展，中国的海关统计基本制度也在改革开放中不断完善。尽管规定海关统计基本制度的文件几经更新，但与国际统计规范进一步接轨的原则均保持不变。

---

① 1970年发布的文献标题中没有“货物”（Merchandise）一词。1997年对该文献第二次修订时，因为服务贸易已成为与货物贸易平行存在的类别，才加上“货物”（Merchandise）一词。

② 这些文件中最先施行的是1980年版《海关统计制度》，之后为1985年版和1995年版《海关统计制度》。鉴于《海关统计制度》作为内部文件的效力局限性，国务院以政令方式颁布《海关统计条例》，于2006年3月1日起施行。之后海关总署出台了《海关统计工作管理规定》，替代了《海关统计制度》，2018年进一步修订了《海关统计工作管理规定》。

从统计制度到货物进出口统计数据的获取，需要有提供数据来源的行政记录或者统计调查渠道，以报关单为主的行政记录是进出口货物贸易统计的基本手段和方法。报关单是编制海关统计的原始凭证，1979 年筹备恢复海关统计时，海关统计就对报关单进行了精心的设计。40 多年来，海关管理要求不断变化，通关信息化不断发展，报关单几经更新，但除部分栏目有所变动外，贸易伙伴国（地区）、商品分类、价格、商品数量等核心内容基本未变，确保了海关统计项目的稳定性和延续性。而这些内容正是与国际统计规范 IMTS 对接的项目。

（二）海关统计商品目录

编制海关统计，一个关键问题是如何确定商品的分类，只有通过统一的商品目录，才能将进出口商品按科学、系统的结构分门别类进行统计。海关统计恢复之初，在大量的调研和翻译等工作之后，最终决定以联合国《国际贸易标准分类》（*Standard International Trade Classification*，简称 SITC）第二次修订本[①]为基础，编制我国海关统计商品目录。SITC 是当时国际贸易中应用较为广泛的商品分类体系之一，联合国统计委员会敦促各国使用该目录编制本国的对外贸易统计。1979 年 12 月，《海关统计商品目录》发布，全国海关正式启用该目录，这是海关统计恢复后第一部与国际接轨，同时又结合本国实际的海关统计商品分类专业工具书。自此，按年度编制的《海关统计商品目录》成为海关统计工作的重要组成部分。

随着改革开放逐步深化，进出口商品结构有了较大变化，以 SITC 为基础编制的《海关统计商品目录》不能适应形势发展。1988 年海关合作理事会主持编制了《商品名称及编码协调制度》（简称《协调制度》）（*The Harmonized Commodity Description and Coding System*，简称 HS）。《协调制度》是一部结构化目录，采用 6 位数编码结构，世界各国对《协调制度》的认可度非常高，公布之后就被世界各国广泛采用。为了进一步与国际接轨，在前期跟踪研究的基础上，1989 年 2 月，海关总署决定采用《协调制度》编制我国海关税则和海关统计商品目录。1991 年 6 月，国务院关税税则委员会审议通过了以 1992 年版《协调制度》为基础编制的《海关进出口税则》，海关总署同步编制了《海关统计商品目录》，实现了税则和统计商品分类的统一。自 1992 年起，我国按照以《协调制度》为基础制定的《海关统计商品目录》采集、编制、公布海关统计，同时采用《协调制度》与 SITC 的对照表继续编制、公布我国进出口商品构成统计。

（三）海关统计的国别（或地区）分类

海关统计的一个重要特征是需要记录进口或出口的对象国（或地区），1980—1993 年，我国分别采用产消国（原产国/消费国）和贸易国（购自国/售予国）两种分类方法

① SITC 于 1950 年由联合国统计委员会审议通过，后分别于 1960 年、1975 年、1986 年和 2006 年修订。

进行国别（或地区）统计。原产国是指进口货物的生产、开采或加工制造的国家或地区。消费国是指出口货物实际消费的国家或地区。贸易国以我国签订合同或协议的国家（地区）或成交厂商所在的国家（地区）确定。1994 年，为了进一步与国际接轨，海关总署调整了国别（地区）统计的规则。一是将出口统计中原有按消费国（地区）统计的标准改为按最终目的国（地区）统计，进口的原产国标准保持不变，最终目的国（地区）是指出口货物已知的消费、使用或进一步加工的国家（地区）；二是用启抵国（启运国/运抵国）标准替代了贸易国标准。启运国（地区）是指把货物起始发出直接运抵我国关境，或在运输中转国（地区）未发生任何商业性交易的情况下运抵我国的国家或地区。运抵国（地区）是指出口货物离开我国关境直接运抵，或在运输中转国（地区）未发生任何商业性交易的情况下最后运抵的国家或地区。

受经济发展阶段的限制，改革开放初期海关统计工作是对国际统计规范一种单方面的学习，然而，正是因为将国际组织基于发达国家经验的总结作为学习的范本，从而建立起一套与国际统计规范接轨的海关统计制度和方法，才确保了海关统计数据的公信力、权威性和国际可比性。

二、从国际规范出发，中国海关对货物贸易统计开展扩展性工作

随着国际经济与贸易的发展，国际贸易的内容和方式在发生变化，为了满足国家经济发展和海关管理的需要，中国海关统计需要从制度上明确自身的工作任务，从实践上开拓工作的领域，从标准上提升工作的质量。实际上，中国的海关统计在与国际统计规范接轨的同时，预留了自身发展所需的统计指标或者分类。不仅如此，在实践中，海关统计根据我国宏观经济管理的需要，不断探索报关单和行政记录之外的统计数据的采集方式，并将统计分析纳入海关统计的工作内容，扩展海关统计的边界。

（一）商品目录的扩展

国际组织推出的商品分类和编码，是面对世界各国的贸易商品结构，尤其是考虑到当时占国际贸易绝对比重的发达国家的商品结构而开发的，而中国的商品结构有其自身的特点，因此，中国海关统计在对照国际组织的分类和编码进行商品分类统计时，进行了适当的扩展。SITC 采用 5 位数编码结构，我国在采用 SITC 编制本国商品目录时，并没有直接复制使用，而是在 SITC 结构的基础上，增加第 6 位本国子目，用于统计我国贸易量大、国家重点关注的进出口商品。自 1980 年以来，我国就按照主要进出口商品目录按月发布主要进出口商品情况、对外公布海关统计快讯，以及在海关统计年鉴中公布各类商品进出口值。随着我国经济的发展和产业结构的升级，进出口的主要商品也在发生变化，2019 年，海关总署统计分析司启动了海关主要进出口商品目录的修订工作，按照“重点突出、层级清晰、范围可比”的原则，调整了主要进出口商品目录。该目录更

好地反映了当前我国主要进出口商品的结构。

（二）统计项目的扩展

为了兼顾我国宏观经济管理和海关对进出口货物实施监管的需求，1980 年版《海关统计制度》除按 IMTS 设置统计范围、商品分类、统计价格、数量计量、贸易伙伴国（地区）、运输方式等统计项目之外，还根据我国的需求设置了进出口货物的经营单位、贸易方式、外汇来源、关别等统计项目。这些统计项目随着经济发展进程不断修订，也有增加统计项目的情况，以下介绍一些中国特有的统计项目。

1. 经营单位

经营单位反映对外贸易经营主体的性质和类别，是编制经济区划和企业性质统计的重要资料来源。随着我国外贸体制改革的不断深化，经营单位在历次制度修订的过程中都有或大或小的调整。为适应经营单位大幅增长的情况，提高经营单位识别的精准度和统计的灵活性，1993 年，海关总署对经营单位编码规则进行了重大改革，实现了一企一码。海关经营单位代码由 10 位数组成，将行政区划（编码第 1～4 位）、经济区划（如经济开发区、保税区等，编码第 5 位）、企业性质（如国有企业、中外合资企业、外商独资企业等，编码第 6 位）整合在编码中。这一编码在实际应用中极大地提升了汇总统计数据的准确性，为行政区域、经济区划和企业性质统计提供了便利，是非常重要的创新举措。这种编码制度应用不局限于海关，但随着编码的多元化，不同部门应用不同编码给企业带来了负担，也为数据的对接和宏观上的管理带来了新的问题。2016 年，在吸收各部门对企业编码经验的基础上，全国开始推行 18 位统一社会信用代码，作为在全国范围内唯一法定身份识别码，这一代码逐渐取代了海关经营单位编码。

2. 经济区划

1993 年实行经营单位编码时，为了解海关特殊监管的经济区域的进出口情况，经营单位编码中设计了第 5 位代码表示经济区划，通过识别海关经济单位编码，即可对特殊监管区域的进出口情况进行分组统计。随着国家对上海自由贸易试验区的政策不断推进，一些区域逐步被纳入自由贸易试验区，而有些新纳入的区域不在海关特殊监管区域，这样，按经济区域分组的进出口统计就不能被全部覆盖进来。2015 年，海关总署专门为上海自贸区内注册企业新增设立了“特殊贸易区域代码”。代码由 8 位数字字母组合而成，1～4 位与海关经营单位编码一致，为行政区划，第 5 位用 F 代表自贸区，第 6 位为高新区或经济开发区代码，第 7 位为海关特殊监管区域类型代码，第 8 位为片区顺序号。该制度随后被复制到后续设立的其他自贸区，为及时了解自贸试验区发展状况提供了准确的统计数据。2018 年 2 月，海关总署研究决定，将已在自贸试验区统计工作中探索实践的统计项目“海关统计经济区划”推广到全国使用，并编写了《海关统计经济区划编码规则》。2018 年 11 月，《海关统计经济区划编码规则》顺利通过海关行业标准评审，2019

年3月由海关总署正式发布，自2019年8月1日起实施。

3. 品牌类型

随着我国经济的不断发展，工业制成品在出口中的比重大幅提升，培育中国自主品牌、促进产品价值链升级成为转变经济增长方式的重要举措。2016年，国务院办公厅发布《关于发挥品牌引领作用推动供需结构升级的意见》，将品牌放在经济社会发展战略高度。经过3年的研究，海关总署于2018年正式将“品牌类型”作为报关单必填的项目。品牌类型包括无品牌、境内自主品牌、境内收购品牌、境外品牌（贴牌生产）、境外品牌（其他）。这是恢复海关统计以来，第二次增列新的报关单申报内容，反映出海关总署对该项工作的高度重视。品牌统计制度的建立对提升我国对外贸易产品质量具有重要的意义。

（三）单项统计的应用

在实际当中，有些货物的进出口不满足跨越边境的货物贸易统计概念标准，但对于宏观经济管理和决策有重要的意义，对于这样的情况，IMTS 建议各国应尽力收集不列入统计但单独记录的货物信息。海关总署在加工贸易和海关特殊监管区域的统计工作中，成功地应用了单项统计的方式，覆盖了货物流入和流出情况。

1. 加工贸易

加工贸易是国家促进外向型经济发展的重要举措，在中国经济腾飞的过程中，加工贸易作出了重要贡献。为了集中反映各行业经营加工装配业务的情况，1980年海关统计方法作了一系列规定，在贸易方式统计中，对加工装配和一般贸易作了区分。早期的加工装配主要是来料加工，随着加工装配模式的发展，进料加工逐步发展壮大，1985版《海关统计制度》对列入海关统计的货物类型细化，增加了“来料加工装配进出口货物”“进料加工进出口货物”等。加工贸易以出口为导向，但是，出口并非加工贸易唯一的流向，如内销等就不再符合进出口统计对货物跨境的要求。为覆盖加工贸易的流向，1988年，增加了“进料加工成品以产顶进”“来料加工成品以产顶进”“进料加工转内销”“来料加工转内销”4种单项统计的贸易方式。1997年，海关对深加工结转、料件复出口、余料结转、成品退运、料件转内销、成品转内销、结转设备、退运设备等加工贸易货物，增列或调整了多个单项统计贸易方式，基本涵盖了加工贸易货物的全部流向。

2. 海关特殊监管区域

在中国改革开放的实践当中，国务院陆续批准设立保税区、出口加工区、保税物流园区等海关特殊监管区域，各地方也纷纷设立保税仓库、出口监管仓库、保税物流中心等海关保税监管场所。这些区域或场所的特点是实施了不同于一般区域的税收、金融和海关监管政策，从境内进出这些区域或场所的货物贸易统计，被称为“二线”统计，而进出境时列入的货物贸易统计则被称为“一线”统计。1995年，为遵循 IMTS，按总贸易制进行统计，原来的“二线”统计的保税物流货物改为一线统计，这样，这些特殊区域或场所货物的进出情况将得不到信息。为此，海关总署采用了单项统计的方式，对“二线”进出口货物采用特殊运输方式进行识别，对每一类区域或场所增列运输方式。

保税物流中心是2005年开始设立的一种海关保税监管场所，是经海关批准，由中国境内企业法人经营，从事保税仓储物流业务的海关监管场所，享有税收和出口退税等优惠和便利政策。2005年，海关总署制定了保税物流中心统计办法，对保税物流中心进出货物的流向和流量进行统计，按照该办法，对于保税物流中心进出境货物列入进出口货物贸易统计，对保税物流中心与境内之间进出口货物实行单项统计。2012年，海关进一步对每一个保税物流中心设立了国内地区代码，由5位代码构成，1～4位为所在地行政区划，第5位为W，这样，海关以保税物流中心备案的进出口收发货人为口径，编制出保税物流中心进出口货物数据。随着保税物流中心业务的发展，保税物流中心外的企业也可以作为进出口发货人向海关申报保税物流中心进出境货物，以进出口收发货人为口径会遗漏这部分进出口，而保税物流中心内企业向海关申报的非保税物流中心进出境货物，则会被错误地纳入保税物流中心进出口数据。对此，经过研究，海关总署于2021年公布了新的保税物流中心统计办法。按照该办法，保税物流中心与境外之间往来的保税物流货物和网购保税货物这两类监管方式列入海关统计，按照消费使用单位或者生产消费单位前5位对物流中心进出境货物进行分组统计，境内进出保税物流中心的货物继续按照运输方式代码实施海关单项统计。该办法改变了1993年实施一企一码以来形成的统计方法，适应了贸易业态发展的新形势。

（四）统计专项调查的开展

海关统计的一个重要特点是有报关单作为行政记录，这是编制进出口统计数据的原始资料来源，然而，这个数据有其应用的范围和局限。自2012年起，海关统计部门开始探索行政记录和报关单之外的数据来源，开始运用统计调查的方法采集数据。

1. 中国外贸出口先导指数

为了对外贸出口进行预判，满足行政记录对决策时效性的要求，2012年6月，海关总署开展了外贸出口先导指数月度统计试点调查，这一调查分为两个步骤：首先，通过抽样调查获取出口企业订单、信心、成本的变动情况，编制出口新增订单指数、出口经理人信心指数、出口企业综合成本变动指数；在此基础上，第二步再与加工贸易进口、外商直接投资、制造业采购经理人指数等宏观指标进行统计合成，编制中国外贸出口先导指数。2014年4月起，中国外贸出口先导指数正式对外公布。2019年，中国外贸出口先导指数调查制度获得国家统计局批准，正式纳入国家统计调查体系。这一指数开启了海关统计应用统计调查方法采集数据的先河，打破了海关总署完全依赖行政记录作为数据来源的局限。

2. 进口货物使用去向调查

随着学术界对经济全球化和货物贸易的研究深入，贸易增加值核算受到了国际组织和中国政府部门的关注，2012年5月海关总署与商务部、国家统计局、国家外汇管理局、中国科学院共同开展贸易增加值核算的专项研究。海关总署负责提供货物进出口统计数据、配合国家统计局开展进口货物使用去向调查，用于编制中国非竞争型投入产出表、核算贸易增加值。2012 年开展了首次试点调查，样本为 1 349 家主要进口企业，调查的内容是企业在 2010 年进口货物的国内使用去向，此后，这项调查纳入了国家投入产出调查体系。2018 年，进口货物使用去向调查获得国家统计局批准，纳入了国家统计调查体系。进口货物使用去向调查使海关成为贸易增加值核算中的重要数据来源部门，调查借助了海关总署丰富的外贸企业样本库资源，有力地促进了学术前沿的研究。

三、中国海关与国际组织的双向交流

改革开放以来，特别是进入 21 世纪以来，中国海关统计根据中国为应对对外贸易的创新性发展，在国际统计规范的框架下做了许多开创性的工作，以跨境电子商务统计为代表的创新方法已经开始传导至国际统计规范的编写，标志着中国海关统计与国际统计规范的互动从单方面的学习和对接，过渡到了双向的交流。

1. 海关跨境电子商务平台统计

2010 年以来，随着经济全球化的深入和互联网的普及，我国跨境电子商务快速发展。国家陆续出台了一系列促进跨境电子商务发展的政策措施，为了贯彻落实国家关于跨境电子商务新业态发展的部署，2014 年，海关总署发布公告，增列监管方式“跨境贸易电子商务”（即跨境直购，代码 9610）和“保税跨境贸易电子商务”（即网购保税，代码 1210），用于跨境电子商务零售进出口货物向海关申报。2016 年，进一步在《海关统计商品目录》中增列品目 98.04“低值简易通关商品”用于统计归类简化申报的跨境电子商务出口零售货物。随着跨境电子商务新业态的蓬勃发展，越来越多的企业在境外设立海外仓或采用亚马逊仓模式（Fulfillment by Amazon，FBA）批量出口，跨境电子商务进出口的规范监管从企业对个人 B2C（Business to Customer）领域延伸至企业对企业 B2B（Business to Business），海关总署发布公告，增列监管方式“跨境电子商务企业对企业直接出口”（代码 9710）和“跨境电子商务出口海外仓”（代码 9810）。基于这种监管方式采集到的跨境电商进出口统计称为“海关跨境电商管理平台统计”。

2. 跨境电子商务全业态统计的试测度

通过调研发现，按照跨境直购、网购保税等监管方式申报的进出口并不完整，仍有一些跨境电子商务按照一般贸易等监管方式向海关申报，还有的通过邮快件等渠道按个人物品进出境，既未按照货物报关，也未通过跨境电子商务进口或出口统一版信息化系统清关，遗漏在了海关货物贸易统计之外。这需要构建跨境电子商务全业态统计制度，建立健全相应的统计制度。当时跨境电子商务的概念和定义还没有统一明确的定义，联合国国际贸易法委员会、世界贸易组织、经济合作与发展组织等对跨境电子商务有一些定义，但不够统一。2017 年，海关总署与有关部委讨论开展电子商务全业态进出口货物统计方案时，初步限定可纳入跨境电子商务统计范围的货物应具有 4 个特征：交易在关境内与境外的企业或个人之间开展；订单通过互联网平台形成；货物通过各类跨境物流渠道已送达；支付已完成。2017 年以来，海关总署按照这些标准开展多次跨境电子商务统计试点调查，调查面向跨境电子商务平台、卖家以及跨境电子商务服务企业，通过调查表填报。

2019 年，为了将邮件及快件电子商务包裹数据纳入海关统计，海关总署联合商务部、国家邮政局确定了具体实施方案，通过电话调查，确定了出境邮快件渠道中的电子商务比例，通过对物流承运人、卖家等相关方调研，确定了进口邮包和快件中的电子商务比例，而统计原始资料则由海关的 B 类快件报关单数据、海关业务统计数据和邮政的包裹分国别汇总数据构成。通过跨部门的合作，实现了邮件和快件电子商务包裹统计。

2019 年，海关总署制定了跨境电子商务统计体系工作方案，确定了跨境电子商务全业态统计范围，即：分属不同关境的交易主体通过电子商务平台达成交易，在线生成订单，并实际跨境交付的有形货物，包括通过海关跨境电子商务进出口统一版信息化系统、邮件和快件渠道进出口，以及通过按一般贸易、加工贸易等方式办结海关手续后在网上销售的进出口货物。2020 年，海关统计专项调查调研信息化作业系统上线，样本企业可以直接登录系统填报调查表。

跨境电商全业态统计数据获取的途径和方式是：（1）以电商平台为主要调查对象，综合使用；（2）海关行政记录；（3）大数据分析手段，整体测算我国跨境电商规模，对部分维度的数据进行结构化测算。这样口径的跨境电商，能够全面地反映我国跨境电商业态发展状况，更加符合国务院及有关部门的数据使用需求，也更加符合学术界和公众对电子商务的理解和认识。2021 年 1 月 14 日，国务院新闻发布会上，海关总署首次发布了跨境电子商务全业态初步统计数据。

3. 跨境电子商务全业态统计的制度化

在数年试测度的基础上，2024 年，海关总署与国家统计局联合制定和颁布了《跨境电子商务统计调查制度》，并将在国家统计局批准后施行。该“制度”将跨境电商全业态统计数据获取途径和方式的第（1）点予以制度化，规定：以境内主要电商平台企业、电商服务企业和电商卖家企业为调查对象；以是否符合跨境交易、在线订单和跨境物流 3 项标准划定统计范围；以跨境电子商务进口值、出口值及贸易伙伴国别（地区）、商品类别、出口货源地、进口目的地等为调查内容；以对重点企业开展报表调查为调查方法；以半年报和年报为调查频度；由海关总署统计分析司统一组织，分级实施，由各直属海关及隶属海关负责采集调查问卷数据。

4. 中国海关的跨境电商统计方法被写入国际组织的《数字贸易测度手册》

2020 年 3 月，世贸组织与经合组织、国际货币基金组织发布《数字贸易测度手册（第一版)》。《手册》由机构间国际贸易专班[①]之数字贸易测度专家组编纂。专家组主要成员来自上述三大国际组织,还包括来自多个世界贸易组织成员的专家,中国参与其中的是海关广东分署的李开益和海关总署的李芊、翟小元[②]。

2023 年 8 月,世贸组织与经合组织、国际货币基金组织和联合国贸发会议联合发布《数字贸易测度手册(第二版)》。这版手册除了"周告"中再次提到对《手册》编纂作出贡献的 4 位中国海关官员[③]之外,正文第 6 章"案例研究"发表了《中国数字订购货物贸易的测度》一文[④]。

结束语

从改革开放初期学习和对接国际统计规范,到有机会按自身工作经验引领国际统计规范的编写,海关统计的发展历程显示了中国海关与国际组织交往中地位的显著提升。这一方面得益于中国在自由贸易区、跨境电子商务等方面贸易实践取得的进步和成效,也得益于中国海关将海关统计作为其重要的工作任务加以建设,统计和管理制度的不断完善、统计和调查方法的大胆创新,是海关管理能力的突出表现。站在海关统计 40 余年的厚重积累上,中国海关与国际组织不仅有历史可以总结,还有历史需要创造。

参考文献

[1] 海关总署统计分析司. 中国海关统计制度方法 [M]. 北京:中国海关出版社,2021.

[2] 贾怀勤. 现代中国海关货物贸易统计主流地位的回顾与展望 [J]. 海关与经贸研究,2021 (2).

[3] 贾怀勤. 中国政府统计 70 年大背景下的对外经贸统计 [J]. 中国统计,2023 (4).

[4] 贾怀勤,许晓娟. 中国数字贸易测度的理论研究和实务探索 [M]. 北京:中国商务出版社,2023.

[5] 陆海生,方正,张建国. 跨境电商业态全口径统计的研究与应用 [J]. 海关与经贸研究,2021 (5).

[6] 张丽川. 海关统计 [M]. 北京:中国海关出版社,2007.

① 英文是 Inter-Agency Task Force On International Trade。

② 《手册》"周告"列出对编纂作出贡献的各国人员的外文名字,来自中国的 3 人的英文名为 Li Kaiyi、Li Qian and Zhai Xy,中文人名是通过总署统计分析司核实的。

③ 此 4 人分别是翟小元、李芊、方正和齐卫国。"周告"还提及中国商务部的王旭阳等 3 位官员。

④《手册》第 6 章发表了中国商务部的案例文《完善数字交付贸易测度:中国经验和观点》。

[7] The International Monetary Fund,the Organization for Economic Co-operation and Development, the United Nations and the World Trade Organization, Handbook on Measuring Digital Trade (second edition), WTO, 2023.

[8] The Organization for Economic Co-operation and Development,the World Trade Organization and the International Monetary Fund,Handbook on Measuring Digital Trade (Version 1), OECD,2019.

[9] United Nations, International Merchandise Trade Statistics, Concepts and Definitions 2010, Untied Nations, 2011.

自由贸易

海关特殊监管区和自由贸易试验区协同发展的路径探析
——基于自由贸易试验区多案例的比较

王树文　范文迪　郭李念　贾珺婷
（对外经济贸易大学政府管理学院）

摘　要：近年来，世界经济进入深度调整期，面对来自国际经济的挑战和不断变化的经贸规则，中国陆续成立了海关特殊监管区和自由贸易试验区作为我国制度型开放的两大重要平台。但二者由于空间位置和功能定位方面的复杂联系，滋生出较多问题，由此，推动两区域协同发展成为亟待解决的问题。因此，本文在解析海关特殊监管区和自由贸易试验区现状的基础上，结合推进两区域协同发展的特色案例，深入探究海关特殊监管区和自由贸易试验区统筹发展面临的瓶颈，并在此基础上给出二者协同发展的新路径，助力我国海关特殊监管区和自由贸易试验区的协同发展迈上新台阶。

关键词：海关特殊监管区域；自由贸易试验区；协同发展；路径

随着世界经济进入深度调整期，贸易环境愈发复杂。面对来自国际经济的挑战和不断变化的经贸规则，中国陆续成立了多种类型、多样功能的特殊经济区。在这些特殊功能经济区中，海关特殊监管区和自由贸易试验区作为我国对外开放的新高地，旨在探索经济发展方式变革新路径，促进加工贸易转型升级，加快转变外贸发展方式以及推进高水平制度型开放。2021 年 3 月 5 日，十三届全国人大四次会议的政府工作报告中提出要“加强自贸试验区改革开放创新，推动海关特殊监管区域与自贸试验区统筹发展，发挥好各类开发区开放平台作用”。由此，推动海关特殊监管区域与自贸试验区协同发展成为重要的工作内容。

一、海关特殊监管区和自由贸易试验区的现状

（一）海关特殊监管区现状

根据中国海关总署的统计，截至 2023 年 6 月，全国 31 个省、自治区、直辖市共有海关特殊监管区域 171 个（见表 1）。其中，综合保税区 161 个，保税区 6 个，保税港区 2 个，出口加工区 1 个，珠澳跨境工业区（珠海园区）1 个①。可以看出，海关特殊监管区域中最多的是综合保税区。

从空间分布来看，我国的海关特殊监管区范围涵盖全国大部。其中，华北地区 14 个，东北地区 12 个，华东地区 73 个，华中地区 16 个，华南地区 24 个，西南地区 18 个，西北地区 14 个。从类型分布来看，我国的海关特殊监管区包括综合保税区、保税区、保税港区、出口加工区、跨境工业区五个类型。其中，华北地区、华中地区、西南地区、西北地区的海关特殊监管区均为综合保税区，东北地区包括 11 个综合保税区和 1 个保税区，华东地区包括 1 个保税港区、3 个保税区及 69 个综合保税区，华南地区包括 1 个保税港区、1 个出口加工区、1 个跨境工业区（珠海园区）、3 个保税区及 18 个综合保税区，华南地区涵盖类型最多最全。

表 1　　我国海关特殊监管区位置类型分布

地区	涵盖省（直辖市）	海关特殊监管区类型	小计
华北地区	北京、天津、河北	综合保税区	14
东北地区	内蒙古、辽宁、吉林、黑龙江	综合保税区、保税区	12
华东地区	上海、江苏、浙江、安徽、福建、江西、山东	综合保税区、保税区、保税港区	73
华中地区	河南、湖北、湖南	综合保税区	16
华南地区	广东、广西、海南	综合保税区、保税区、保税港区、出口加工区、跨境工业区	24
西南地区	重庆、四川、贵州、云南、西藏	综合保税区	18
西北地区	陕西、甘肃、宁夏、青海、新疆	综合保税区	14
总计			171

数据来源：作者根据中国海关总署统计资料整理。

① 中国海关总署，《截至 2023 年 6 月底全国海关特殊监管区域情况》。

我国海关特殊监管区的五种类型各有其自身的功能定位和优惠政策。现阶段我国海关特殊监管区已基本上升级整合为“综合保税区”，仅在个别地方存在其他形式的少数特殊监管区。综合保税区具有保税加工、保税物流、货物贸易、服务贸易、虚拟口岸五大功能，享受税收、海关监管、加工贸易、检验检疫、外汇管理等相关优惠政策，成为我国开放层次最高、优惠政策最多、功能最齐全、手续最简化的特殊开放区域。2019 年后大量海关特殊监管区域优化整合为综合保税区，可以说综保区是其他形式的特殊监管区的发展方向。表 2 详细梳理了各类海关特殊监管区的功能定位和优惠政策。

表 2　　各类型海关特殊监管区的功能定位和优惠政策

类型	功能定位	优惠政策
综合保税区	集保税区、出口加工区、保税物流区、港口的功能于一身	国外货物入区保税 + 国内货物入区退税 + 区内交易不征增值税和消费税
保税区	仓储物流，对外贸易，国际采购、加工、商品展示等功能	同综合保税区
保税港区	仓储物流、对外贸易、国际采购、分销和配送、国际中转、检测和售后服务维修、商品展示、研发、加工、制造，港口作业等功能	同综合保税区
出口加工区	国际采购、加工、检测和售后服务维修、商品展示等功能	出口退（免）税 + 免征增值税、消费税
跨境工业区	利用跨境区位优势，发挥珠澳两地的互补功能	保税区 + 出口加工区出口退税政策 + 24 小时通关专用口岸

资料来源：根据海关特殊监管区域制度整理。

（二）自由贸易试验区现状

自 2013 年 9 月至今，我国已先后分批建成了 21 个自由贸易试验区，形成了东西南北中协调、陆海统筹的开放态势。其中，华北地区 3 个，东北地区 2 个，华东地区 6 个，华中地区 3 个，华南地区 3 个，西南地区 3 个，西北地区 1 个。

自由贸易试验区作为我国对外开放的重要平台，一直是学者关注的焦点。一方面是关于单个自由贸易试验区的研究。2013 年，中国第一个自由贸易试验区——上海自由贸易试验区成立后，相关研究就如雨后春笋般出现。夏善晨（2013）就上海自由贸易试验区的理念和功能定位展开了研究；谭娜等（2015）、Yao and Whalley（2015，2016）、项后军和何康（2016）、王利辉和刘志红（2017）、殷华和高维和（2017）等以上海自由贸易试验区为例，分析了自贸区对当地经济的影响，结果表明自由贸易试验区的设立对当地经济有显著的促进作用；王智烜等（2017）以福建自由贸易试验区为例，发现自由贸易试验区对当地税收收入有积极影响；王鹏和郑靖宇（2017）则通过广东自由贸易试验区，分析了试验区设立对贸易方式转变的影响，研究发现自由贸易试验区设立会促进加工贸易向一般贸易转型。另一方面，则关注多个自由贸易试验区。叶修群（2018）、聂飞（2019）、韩瑞栋和薄凡（2019）等以前两批次设立的4个自由贸易试验区（上海、广东、天津和福建）为例，研究了自贸区设立对经济发展的影响，结果表明自贸区设立在拉动经济增长、促进制造业结构合理化以及国际资本双向流动方面具有积极影响。而本研究在结合之前学者的研究基础上，综合概括了我国现有的21个自贸试验区的战略定位和功能特色，并创新性地总结了华北、东北、华东、华中、华南、西南、西北各区域的典型特征（见表3）。

表3　我国自由贸易试验区简介①

地区	自由贸易试验区	成立时间	战略定位和功能特色	区域特征
华北地区（3）	中国（北京）自由贸易试验区	2020年9月	全球影响力的科技创新中心，服务业扩大开放先行区、数字经济试验区，构建京津冀协同发展的高水平对外开放平台	京津冀协同发展
	中国（天津）自由贸易试验区	2015年4月	京津冀协同发展高水平对外开放平台	
	中国（河北）自由贸易试验区	2019年8月	京津冀协同发展战略，高标准高质量建设雄安新区，承接北京非首都功能疏解和京津科技成果转化	
东北地区（2）	中国（辽宁）自由贸易试验区	2017年3月	为东北工业基地转型提供经验探索	沿边、振兴
	中国（黑龙江）自由贸易试验区	2019年8月	推动沿边地区开放，辐射带动沿边发展	
华东地区（6）	中国（上海）自由贸易试验区	2013年9月	金融放开创新	沿海、开放、创新
	中国（江苏）自由贸易试验区	2019年8月	创新驱动发展战略，打造开放型经济发展先行区、实体经济创新发展和产业转型升级示范区	
	中国（浙江）自由贸易试验区	2017年3月	建设成为东部地区重要海上开放门户示范区、国际大宗商品贸易自由化先导区和具有国际影响力的资源配置基地	
	中国（安徽）自由贸易试验区	2020年9月	推进“一带一路”建设，促进长江经济带发展，形成内陆开放新高地	
	中国（福建）自由贸易试验区	2015年4月	深化两岸经济合作，彰显对台特色	
	中国（山东）自由贸易试验区	2019年8月	发展海洋经济，形成对外开放新高地	

① 根据国务院颁布的自贸区总体方案整理。

续表

地区	自由贸易试验区	成立时间	战略定位和功能特色	区域特征
华中地区（3）	中国（河南）自由贸易试验区	2017 年 3 月	增强服务“一带一路”建设的交通物流枢纽功能	交通枢纽、连接过渡带
	中国（湖北）自由贸易试验区	2017 年 3 月	建设成为中部承接产业转移示范区和高技术产业集聚区	
	中国（湖南）自由贸易试验区	2020 年 9 月	发挥东部沿海地区和中西部地区过渡带、长江经济带和沿海开放经济带结合部的区位优势，联通长江经济带和粤港澳大湾区的国际投资贸易走廊、中非经贸深度合作先行区和内陆开放新高地	
华南地区（3）	中国（广东）自由贸易试验区	2015 年 4 月	粤港澳深度合作	国际合作、开放
	中国（广西）自由贸易试验区	2019 年 8 月	推动沿边地区开放，辐射带动沿边发展	
	中国（海南）自由贸易试验区	2018 年 10 月	海南岛全岛试点，建设全面深化改革开放试验区、国家生态文明试验区、国际旅游消费中心和国家重大战略服务保障区，打造成为我国面向太平洋和印度洋的重要对外开放门户	
西南地区（3）	中国（重庆）自由贸易试验区	2017 年 3 月	长江经济带互联互通重要枢纽、西部大开发战略重要支点	西南门户
	中国（四川）自由贸易试验区	2017 年 3 月	建设成为西部门户城市，打造内陆地区联通丝绸之路经济带的西向国际贸易大通道重要支点	
	中国（云南）自由贸易试验区	2019 年 8 月	推动沿边地区开放，辐射带动沿边发展	
西北地区（1）	中国（陕西）自由贸易试验区	2017 年 3 月	响应国家的“一带一路”倡议	西北门户

资料来源：作者根据自由贸易试验区制度整理。

（三）海关特殊监管区和自由贸易试验区的关系

海关特殊监管区是经国务院批准，设立在中华人民共和国关境内，赋予承接国际产业转移、联接国内国际两个市场的特殊功能和政策，由海关为主实施封闭监管的特定经济功能区域。

自由贸易试验区是指在贸易和投资等方面比世贸组织有关规定更加优惠的贸易安排，在主权国家或地区的关境以外，划出特定的区域，准许外国商品豁免关税自由进出。实质上是采取自由港政策的关税隔离区。

我国建设的自由贸易试验区往往包含若干个海关特殊监管区，从某种意义上说，海关特殊监管区是自由贸易试验区的组成基础。在我国，海关特殊监管区的发展经历了保税区、出口加工区、保税物流园区、跨境工业园区、保税港区、综合保税区六种模式。其中，综合保税区是当前海关特殊监管区的最高形态。海关特殊监管区是自由贸易试验区实施贸易自由化和对外开放的承载地，海关特殊监管区以外的自由贸易试验区，主要使命是探索国际化、法治化、便利化的营商环境。

着眼于此，可以认为，自由贸易试验区实质上就是依托于海关特殊监管区的外向型经济开发区，是在现有制度框架内有限度地探索制度创新。二者之间的关系是相辅相成、相互联系的。离开了海关特殊监管区，自由贸易试验区将失去组成基础，变成自由贸易港；而没有自由贸易试验区，海关特殊监管区的功能将不能完全发挥。二者需要相互配合、相互支持，共同促进我国外向型经济的发展（见图 1）。

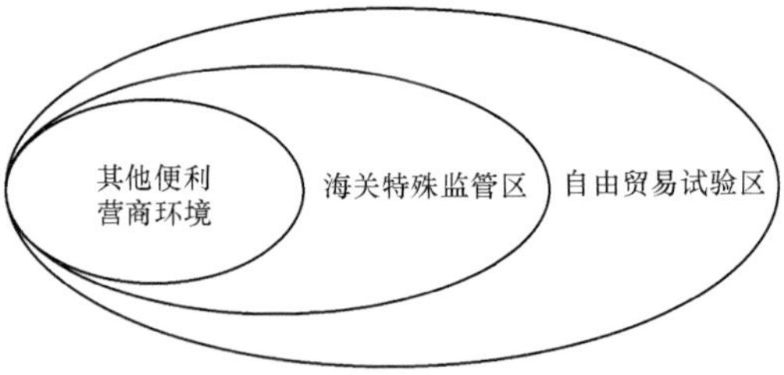

图 1　自由贸易试验区和海关特殊监管区关系示意图

二、海关特殊监管区和自由贸易试验区协同发展的症结

从目前发展来看，海关特殊监管区和自由贸易试验区在政策规则、空间位置和功能定位等方面均存在交叉与重叠，从而导致二者在协同发展上面临现实的困境和阻碍。其主要表现在以下四个方面。

（一）制度政策的配合协同水平低

我国海关特殊监管区和自由贸易试验区分属不同系统进行管理，所以导致二者在制度政策方面存在步调不一致、协同水平低的问题。具体来说，一是监管制度。目前我国海关特殊监管区实行“一线（国境线）放开，二线（关境线）管住，区内自由”[①]的监管制度，但是其在实践中均存在一定问题。例如一线并未放开，“零关税”商品清单还可以进一步优化，关税清单还存在诸多限制。二是较低的贸易便利度。目前，海关特殊监管区的功能拓展处于后位水平，大多数海关特殊监管区仍止步于保税加工和

① 一项创新性进出境监管制度，指在中国的国境线内（一线），对某些情况下的进出境活动放松管理，例如自由贸易试验区等地区，而在中国的关境线（二线）上，则需要加强管理和控制，例如对非法移民、走私等行为进行打击和查处。

保税物流，以国际贸易、采购、仓储物流等为主，对于新兴的贸易业务拓展不够，在营商环境、贸易便利度方面还有待提高。三是较低的投资便利度。虽然海关特殊监管区确立了“一线放开、二线管住、区内自由”的监管原则，但在实际操作中仍存在报关手续繁杂、通关时间长、配套设施落后的问题，投资便利度较低，难以促进自由贸易试验区的长远健康发展。由此可以看出，海关特殊监管区和自由贸易试验区二者协同发展的步伐存在步调不一致的问题，协同发展还处于低位水平。

（二）政策功能重复，竞争激烈

海关特殊监管区和自由贸易试验区都有招商引资、引技，促进国际贸易便利化的需求，难免出现政策功能重复和相互竞争。如国务院于 2019 年印发的《国务院关于促进综合保税区高水平开放高质量发展的若干意见》中明确海关特殊监管区发展的方向，即为加工制造中心、研发设计中心、物流分拨中心、检测维修中心及销售服务中心，但这五个中心对应的内容与自由贸易试验区方案存在较多重叠。比如，自由贸易试验区推出出口退税、服务外包、维修服务以及优化营商环境、优化行政管理职能、创新事中事后监管等新举措以促进贸易便利化，而这与海关特殊监管区承载功能和实施政策高度重叠。此外，海关特殊监管区的许多政策功能都只是自由贸易试验区的标配，二者在增值税、消费税的退免政策高度相似。由此可见，在此功能布局下，二者很大可能未能形成良性的协同发展，而是产生同质化的竞争。

（三）地理布局重合

一方面，我国 21 个自由贸易试验区基本均包括了海关特殊监管区，并且都包含海关特殊监管区的一种或多种类型，出现“多区叠加”的局面。然而区域重合并未发挥出政策重叠的积极效应，反而导致区域发展不协调的问题。同时，自贸试验区与现有高新技术产业开发区、经济技术开发区等存在区域交叉与重叠，部分地方政府套用传统开发区的管理模式，实施传统开发区的产业发展政策，自贸试验区制度创新的“试验田”作用难以发挥。另一方面，部分自由贸易试验区虽然包含了当地的海关特殊监管区，但这些海关特殊监管区的发展和功能还处于起步阶段。因此，自由贸易试验区和海关特殊监管区二者在区位布局方面还有待优化。

（四）数字化建设滞后

当前，经济社会处于信息高速发展的时代，数字技术在政府管理和服务创新方面扮演了重要角色，信息技术平台支撑和技术应用是数字治理的基础。自贸试验区是我国数字经济的先行区和集聚区，数字经济的快速发展为其推动区域协同发展带来了新机遇。目前，海关特殊监管区主要由海关部门和地方政府派出机构进行管理，而自由贸易试验区除了传统海关业务之外，其监管范围还涉及了金融、发改委、商务、国税等多部门[①]，不同系统的部门“各自为政”，缺乏综合的信息管理平台，因此难以实现多部门间的信息共享，为双区协同发展带来了阻碍。此外，自由贸易试验区引进了许多新业态，如数字产业、金融科技、碳排放权交易等，传统的物理监管方式已经无法应对新兴产业的潜在风险，电子围网和数字化的风险管理系统等建设滞后。

三、海关特殊监管区和自由贸易试验区发展案例比较

当前我国有21个自由贸易试验区，其中部分自贸试验区涵盖海关特殊监管区范围较大，推进两个区域协同发展的任务十分紧迫。这里本文以各省自由贸易试验区涵盖海关特殊监管区的范围大小及出台的支持两个区域协同发展的政策文件数量为参考，并综合考虑东西部、沿海内陆之间的地区发展差异，选取东部地区的安徽自由贸易试验区、北部沿海的山东自由贸易试验区、西部地区的四川自由贸易试验区三个推进海关特殊监管区和自贸试验区协同发展的案例进行讨论。

（一）安徽自由贸易试验区

安徽省目前建成五个海关特殊监管区，分别是合肥综合保税区、芜湖综合保税区、马鞍山综合保税区、合肥经济技术开发区综合保税区以及安庆综合保税区。安徽自由贸易试验区位于我国东部地区，实施范围面积达119.86平方公里，覆盖蚌埠、合肥、芜湖三个片区。其中，自贸试验区合肥片区覆盖了合肥经开区综合保税区，芜湖片区覆盖了芜湖综合保税区。因此，安徽自贸试验区芜湖片区与合肥片区均面临较为紧迫的双区域协同发展问题。

在制度创新方面，安徽自贸试验区坚持以服务企业为重点，建立企业需求清单，跟踪服务重大项目，聚焦商事、贸易监管、金融开放创新、事中事后监管、“科创+产业”等领域的制度创新，编制企业应用案例。一方面，合肥海关积极支持两类区域高水平实施《区域全面经济伙伴关系协定》（RCEP）开放举措，加大对两大区域内的企业开展RCEP政策宣讲，引导企业充分利用好关税减让、原产地区域累计规则等货物贸易优惠措施，进一步开拓国际市场；另一方面，积极引导自贸试验区[②]内综合保税企业参加增值税一般纳税人资格试点，一对一指导符合条件的自贸试验区（含联动片区）内综合保税区，根据区内业务发展需要申建、整合海关指定监管场地，确保建成高质量的海关指定监管场地。

为促进贸易便利化，安徽自贸试验区还对监管制度实施了以下四个方面的改革措施：其一，以庐州海关[③]为试点，结合隶属海关功能化改造，优化整合承担两类区域监管职

① 季剑军，李大伟. 自贸试验区与海关特殊监管区域统筹发展思路研究［J］. 国际经济合作，2022（02）：58-64.

② 含联动片区。

③ 为隶属海关，设于合肥。

责的海关机构和业务流程，从而实现贸易便利化；其二，推广“远程可视化属地查检新模式”，提升海关监管效能，大幅提升通关效率；其三，全国首创跨境电商保税零售进口退货管理新模式，提升综合保税区数字化监管效能，推广“进出海关特殊监管区‘无感通关’新模式”；其四，把符合国家发展战略的重点企业优先培育为海关高级认证企业（AEO），最大程度地为相关企业创造贸易便利化条件。

在基础设施方面，合肥片区积极推动综合保税区管理机构加大对自贸试验区内综合保税区基础和监管设施的建设投入。芜湖片区全力提升芜湖港和综合保税区之间的协同，推动口岸物流数码港搭建，构建江海联运国际物流数字港区，助力塑造区域物流枢纽，推动辐射区域高端制造业、新兴产业等业态发展。

为了实现两个区域的整体性治理，《中国（安徽）自由贸易试验区条例》第十三条提出：“片区所在地的市应当推动自贸试验区片区与海关特殊监管区域统筹发展，推进两类区域管理机构整合，理顺管理体制，逐步实现由同一管理机构统一负责两类区域的产业发展、制度创新、招商引资以及人才引进等事项”，这将进一步落实推动海关特殊监管区域与中国（安徽）自由贸易试验区统筹发展的相关措施。具体试点，安徽自贸试验区明确将芜湖综合保税区划转至自贸试验区芜湖片区协同发展。在芜湖综合保税区，芜湖片区先行先试与海关特殊监管区域协同发展，深入开展自贸试验区和综合保税区功能模块叠加，从而实现两类区域协同发力。协同发展不能脱离合理分工推动自贸试验区内综合保税区企业开展本集团国内自产产品维修，不受维修产品目录限制。支持合肥经开区综合保税区结合实际完善全球维修监管方案，扩大维修产品目录。鼓励芜湖综合保税区加快开展全球保税维修业务，对符合条件的入境维修出口产品免于实施装运前检验。

推动开展保税检测业务。招引专业性检测服务机构，按海关总署统一部署推进第三方检验结果采信。支持合肥经开区综合保税区、芜湖综合保税区内企业开展集成电路关键设备及原材料、智能网联汽车、航空器等检测业务，促进服务贸易发展，引导开展再制造业务。用好省“三重一创”、内销选择性征收关税等政策，支持合肥经开区综合保税区、芜湖综合保税区内企业开展航空航天、工程机械、数控机床、汽车发动机等再制造业务。发挥海关指定监管场地功能，支持符合条件的自贸试验区内综合保税区，根据区内业务发展需要申建、整合海关指定监管场地。支持合肥、芜湖、马鞍山、安庆现有进境粮食、肉类、水果等海关指定监管场地扩大业务规模，打造辐射中部乃至全国的进口商品交易中心、集散和分拨中心。推动开展汽车平行进口工作，发挥安庆汽车整车进口口岸作用，推动汽车整车年进口数量累计达到标准后，加快报审汽车平行进口试点，在安庆综合保税区探索设立平行进口汽车标准符合性整改场所。加强改革创新协同，推广企业集团加工贸易监管改革，推动新能源及智能网联汽车、集成电路及智能终端、生物医药等产业链保税监管模式创新，将仓储货物按状态分类监管模式扩大到为其配套的保税物流中心（B型）等保税监管场所。

伴随着自贸试验区一系列管理机制的改革创新，芜湖综合保税区迎来了新的历史性飞跃，持续释放政策红利，发展不断再上新台阶。其中，2022 年合肥片区综保区上升至全国第 11 位，芜湖片区综保区进出口额增长 34%，蚌埠片区市场采购贸易额增长 1.8 倍。

安徽路径的特色在于两类区域联动推出高度创新的制度安排，并通过信息技术辅助各种创新制度的实现，从而提高区域制度型开放水平。

（二）山东自由贸易试验区

山东省目前有海关特殊监管区域 14 个，数量位居全国第三①。山东自贸试验区的实施范围为 119.98 平方公里，涵盖济南、青岛、烟台三个片区。山东积极落实国务院有关促进海关特殊监管区域和自贸试验区协同发展的政策，以商务厅为主导开展了许多相关工作并取得了一定成果。

政策方面，在《推动海关特殊监管区域与中国（山东）自由贸易试验区统筹发展若干措施的通知》②文件中，对海关特殊监管区域与自贸试验区协同发展提出了总要求和具体措施。支持济南片区与综合保税区、烟台片区与烟台综合保税区西区管理机构整合，实现统筹管理。除了构建科学合理、运行顺畅、协同高效的海关监管体系外，相关部门还积极贯彻为企业服务的精神，对进出口规模较大、“专精特新”及鼓励类的企业提供“一对一”认证辅导，定制“一企一策”个性化培育方案，优先认证为海关高级认证企业（AEO）。支持海关特殊监管区域和自贸试验区高水平实施《区域全面经济伙伴关系协定》（RCEP）等自由贸易协定开放举措，建设 RCEP 综合性企业服务中心及先行先试示范基地，助力企业开拓国际市场。支持自贸试验区内的综合保税区扩大增值税一般纳税人资格试点企业规模，做大存量、做优增量，提高企业统筹国际国内两个市场两种资源的能力。进一步深化“放管服”改革，全面落实贸易投资便利化改革创新举措，加强政策解读和宣传引导，主动兑现惠企政策，打造市场化、法治化、国际化、便利化的一流营商环境。

数字化管理方面，在济南片区探索“智慧综保区”监管模式，实施智能化、可追溯、全过程监管；在青岛片区探索“数智化”管理，推进园区数字化、智能化转型；在烟台片区探索“智慧卡口”监管模式，实现企业无感、智能入区。借助与山东自贸试验区济南片区、开发区和济南综合保税区“三区重叠”特点，济南片区综合服务中心实现了一体化办理审批管理系统的在线升级。山东自贸试验区将山东省放权给自贸试验区、开发区和综合保税区的相关事宜归入综合服务平台进行统一化的建设管理，从而实现山东省、片区所在市、自贸试验区各区和综合保税区公共服务事项无差异一体化办理。综合服务中心启动的“三区重叠—三级一体化”线上审批创新模式，在“互联网+政务服务”领域跨出了强有力的一步。

① 数据来自海关总署，日期截至 2023 年 6 月底。

② 山东省商务厅发布。

山东充分发挥特殊区域的政策功能和产业优势，围绕“五大中心”建设，加强主导产业培育，着力引进龙头企业入区发展，完善上下游产业配套，加快形成优势特色产业集群，强化政策研究、落实和创新，积极探索跨境电商、检测维修、研发设计、租赁贸易、期货保税交割等业态创新。主要内容包括：鼓励第三方检验检测认证机构在综合保税区开展进出口检验认证业务；在青岛、烟台片区海关特殊监管区域内，开展铜精矿保税混配等业务，扩大矿产品保税混配业务范围和规模，全力打造全球矿产品保税混配中心；支持在自贸试验区设立化妆品备案窗口，支持烟台片区申请设立汽车整车进口口岸；支持青岛片区平行进口汽车标准符合性整改场所建设，推动汽车平行进口业务快速发展。

山东路径一方面从两类区域的监管实践入手，着重加强区域内的数字基础设施建设，推动数智化治理；另一方面，支持海关特殊监管区与自贸试验区各有侧重地承担不同业务角色，分类发展。

（三）四川自由贸易试验区

四川自由贸易试验区分为成都、泸州两个部分，涵盖三个片区：中国（四川）自由贸易试验区成都天府新区片区、中国（四川）自由贸易试验区成都青白江铁路港片区及中国（四川）自由贸易试验区川南临港片区，总面积达 119.99 平方公里。四川自由贸易试验区各片区均与海关特殊监管区域有交集。其中，自由贸易试验区成都青白江铁路港片区规划范围含成都铁路保税物流中心（B 型），自由贸易试验区川南临港片区规划范围含泸州港保税物流中心（B 型），自由贸易试验区成都天府新区片区规划范围含成都高新综合保税区区块四、成都空港保税物流中心（B 型）。四川境内综合保税区进出口总值占省进出口总值比重长期位居全国前列，可见其海关特殊监管区的发展路径是值得分析的。

四川自由贸易试验区出台突破区域行政壁垒的创新性制度，拓宽联动发展“合作面”。在政府财政支出方面，政府财政以促进区域经济协调发展，实现基本公共服务的均等化为目标。四川自由贸易试验区一般公共预算支出总额位居西部地区第一名，这为两类区域协同发展提供了宽裕的经济资源。四川自由贸易试验区一般公共预算支出水平位居西部自由贸易试验区第一。

在贸易便利化方面，四川自由贸易试验区和综保区出台举措包括打造零费用口岸、实行口岸收费公示制度，以及动态监测进出口货物口岸通关时间和优化口岸营商环境。

在综合管理体制方面，为打破无序发展模式，完善省级层面的协调机制，由四川省商务厅牵头两类区域的协同发展工作。具体措施包括建立综保区集群工作联席会议制度，避免各区域之间基础设施重复建设和资源争夺等问题。推动开放政策共享，并进行对外开放政策摸底调查，掌握各个综保区政策优势和发展需求，从而推动全部政策覆盖综保区集群。

综上所述，四川自由贸易试验区作为内陆自由贸易试验区，主要是通过加大财政支持力度、与海关特殊监管区建立联席工作会议制度等措施达成两类区域的高水平协同发展。

三个海关监管和自贸区发展路径比较见表4。

表4　　安徽、山东和四川海关监管和自贸区发展路径比较

模式维度	安徽路径	山东路径	四川路径
制度支持	1. RECP推广 2. 一般纳税人资格试点 3. AEO项目 4. 功能化改造	1. RECP推广 2. 一般纳税人资格试点 3. AEO项目	优化财政支出体系，保证资金投入
技术支持	1. 远程可视化监管的无感通关模式 2. 搭建口岸物流数码港 3. 构建江海联运物流数字港区	1. 园区“数智化”管理 2. “智慧卡口”监管 3. 一体化审批管理系统	
协同治理	综保区划转至自贸片区	综保区与自贸片区管理机构整合	建立综保区集群工作联席会制度
差异策略	“三重一创”产业为核心，侧重发展	建设“五大中心”，实现矿产品、化妆品等特色业务分工	

四、海关特殊监管区域和自由贸易区协同发展的路径探析

整体性治理理论是在“新公共管理学”日渐衰落的背景下，为解决政府治理困境而提出的一种创新性理论。作为这一理论的代表，希克斯强调以结果为导向的公共治理需求为导向，以科技为手段，抓住协调、整合和责任三个关键点，实现公共治理的整体化。这一模式从整体、系统的视角来统领政府治理的层次与功能，并建立相应的信息化平台。整体性治理强调中央地方合作理念，主张扩大授权，选择整合性预算的财务运作方式。因此，以整体性理论为基础，我们从制度、科技、整合治理、协调分工等四个维度来探寻海关特殊监管区域和自由贸易试验区协同发展的合理路径。

（一）制度创新

首先，要推动两类区域海关协同监管制度创新。一是积极贯彻“一线放开、二线管住、区内自由”的监管理念。这一理念能将原本繁杂的海关手续简化，为贸易的通畅运行和便利化提供支持。因此，建议充分借鉴上海洋山特殊综合保税区、海南自贸港等开放平台，实施更高水平贸易便利化政策，实现“一线充分放开、二线管住、区内高度自由”。具体而言，对于不涉证、不涉检，以及不涉及安全准入管理的货物，海关可以考虑直接放行，允许区内企业自由提货发货。对于需要依法实施检疫的货物，探索在区内实

施检疫的新管理模式。对于入境需要检验的货物，原则上在“二线”而非“一线”检验。鼓励研发类企业前往综合保税区内注册，享受园区内的政策制度优惠。在自由贸易试验区内，对于那些需要进行法定检验的一般商品的进口，可以探索采用“合格保证”和“符合性验证”的检验模式。具体来说，企业可以向海关提供符合规定的产品合规声明，海关在核验通过后将直接放行，从而免除了海关检验环节。通过这种方式，可以更好地促进自由贸易试验区内企业的进口贸易，加速清关时间，提高效率。针对规模以上企业开展“集团保税监管”试点，实现保税料件、半成品、成品在集团内部自由流转。驾驭并利用好经认证的经营者制度[①]，在促进进出口贸易便利化的同时也要确保其合规经营、服务质量和安全可靠，为两类区域构建良好的营商环境。

其次，要注重系统集成制度创新。一方面，加大自由贸易试验区成功经验向海关特殊监管区的“复制推广”。只有高度重视“复制推广”工作，把先行先试的成功经验变成常态化、普遍化的实践，把更多的成功经验复制到海关特殊监管区内，自贸试验区的价值才能充分彰显。这就要求各自由贸易试验区全面梳理其制度创新成果，分行业、分领域厘清已有的制度创新在自由贸易试验区各片区、联动创新区、海关特殊监管区复制推广的可行性，找出“面”的推广和“量”的增加的困难所在，有的放矢破解难题。另一方面，通过建立一套完整的制度创新复制推广的合作评估体系，将“复制推广”效果作为评估自贸片区改革实践的重要指标，以复制推广的效果倒逼制度创新的质量，实现自由贸易试验区与海关特殊监管区协同发展。

（二）数字化基础设施建设

出口方、进口方政府数字化对双边贸易规模具有正向促进作用，这一作用在控制了一系列固定效应、考虑内生性后依然显著存在。对中国而言，从出口角度，双边数字化政府发展对我国出口规模呈现显著的促进作用；从进口角度，我国和贸易伙伴国数字化政府发展对我国的进口作用不显著，这或许与我国数字化政府发展较不成熟、国内配套条件不健全有关。

因此，必须加快新一代信息基础设施建设，探索构建安全便利的国际互联网数据专用通道。应用区块链等数字技术系统规范跨境贸易、法律合规、技术标准的实施，保障跨境贸易多边合作的无纸化、动态化、标准化；依托区块链技术应用，整合高精尖制造业企业信息和信用数据，打造高效便捷的通关模式；探索建立允许相关机构在可控范围内对新产品、新业务进行测试的监管机制。[②]参照已有经验，在自贸试验区和海关特殊监管区域全面鼓励实施电子围网管理模式，可以借鉴上海洋山特殊综保区做法，探索实施电子围网管理。在产业集中度高、新业态发展迅速、创新活跃且管理水平较高的产业

① 即 AEO 制度， AEO 认证企业的进出口货物海关查验率低，是重要的贸易便利措施。

②《国务院关于印发北京、湖南、安徽自由贸易试验区总体方案及浙江自由贸易试验区扩展区域方案的通知》，国发〔2020〕10 号。

园内开展试点，以现代化技术手段实现电子围网。这些物理围网之外的电子围网区域能在产业上直接对接自贸片区的各种制度创新，从而实现高端制造业和现代服务业创新发展。打造以“互联网+”为重点的政务服务体系可以借鉴山东自由贸易试验区的经验，实现一体化办理审批管理系统在线升级，该平台可以通过多维度的摄像头、传感器和计算机仓储管理系统（WMS）终端采集数据，并将这些数据汇总到一体化信息管理服务平台上，实现对综保区内货物和人员流向的实时追踪和自动管控，以此实现精准监管和智能监管，为海关特殊监管区的各项活动提供有效支持。

（三）加强横向合作，推动整合治理

协同治理的前提是政府所面对的公共问题无法由单一部门解决，而需要两个或两个以上部门协作。因此，两类区域应优化行政资源配置，理顺管理体制，以实现统筹管理产业发展、制度创新、招商引资和人才引进等事宜。管理主体需要进行必要的沟通和协作，加大跨部门合作，形成政府、政府部门之间的联动机制。目前可以通过以下步骤实现自贸试验区对海关特殊监管区域的统筹管理。

首先，将海关特殊监管区的多种类型整合升级为综合保税区。设立单独管委会并归属自贸试验区相关片区管委会管理，负责综合保税区行政管理、招商引资等工作。推动相关城市海关设置专门的分支机构，负责综合保税区海关监管工作，构建该海关分支机构和综合保税区管委会的协同工作机制，为综合保税区的制度创新提供便利。

其次，在自贸试验区所在省或直辖市海关下设置单独的自贸区海关，负责各片区所辖综合保税区的海关监管工作，在自贸试验区层面进行海关监管制度创新。

最后，在扩大自贸试验区范围时，应优先纳入所在地海关特殊监管区域。

除此之外，要将其海关分支机构和管委会合并到自贸试验区下属综保区的海关分支机构和管委会中。同时，应推动自贸试验区所在城市设立海关特殊监管区域，并将其自动纳入自贸试验区的管理范围，相关变动情况需要由各自贸试验区统一提交给中央部门备案。在具体实践中，应重视两类区域之间的协作和联动，可以通过推动协调会议的召开、签署备忘录、发布对外新闻等做法来优化机制并加强约束。

此外，对于区域治理而言，政府环境注意力的促进作用不可忽视，但是因为政府承担经济、民生等多项责任，政府注意力的资源通常是有限的。由此可见，推动两类区域协同发展，需要政府部门配置合理、足够的注意力，加大对两类区域协同发展问题的重视并提供宽松的经济资源支持。根据多源流政策模型，只有政治、政策、问题三源流汇合之时，政策机会窗口才会打开，海关特殊监管区域和自贸试验区协同发展问题随着自贸试验区的扩张愈加显著。如今代表政治流的决策层面也提出了相关建议，政策流就显得格外重要，政策活动家在提供政策建议中起重要作用，他们是具有重要影响的政策倡导者，海关特殊监管区域的相关管理部门尤其需要针对财力管理和分配机制提出政策建议，倡导赋予自由贸易试验区准一级财政权限，建立相对宽松、独立和稳定的自贸试验

区财力分配制度，为两类区域管理部门促进区域发展提供内生动力。其中，应当建立与事权相匹配的区域财力分配制度，特别是在公共性设施建设及养护方面给予充分保障。同时，应建立由省、市、区共同出资建立的自由贸易试验区专项资金，用于区域功能开发推进、重大项目引进、区域基础设施建设和环境改造。这些措施能够为自贸试验区和海关特殊监管区二者的协同发展提供必要的软硬件支持。

（四）差异化互补

促进海关特殊监管区和自由贸易试验区协同发展需要合理定位二者角色，进行功能协调：分步推进，以持续开创双区域的协同发展新局面；分类发力，以精准提升双区域发展新优势。

海关特殊监管区要围绕“五大中心”进行建设，注重发展加工贸易，而自贸试验区可侧重创新服务贸易，尤其是金融领域的开放创新。具体实践上，可以在海关特殊监管区和非海关特殊监管区规定不同的试验任务，以更好地推进中国经济体制改革和建设高水平开放平台。在具体实践中，应该根据试验任务的不同，在自由贸易试验区划定不同的区域，以确保试验的有效实施和避免管控难的问题。具体而言，在非海关特殊监管区，应主要试验深化市场经济改革内容；在海关特殊监管区，应主要试验高水平开放平台建设任务。由此，在推进两类区域整合的建设过程中，坚持一线高度放开、二线严格管住，根据试验任务的不同，划定不同的试验区域，大胆开展试验。差别化的创新制度试点试验，可以在一定程度上有效规避可能发生的经济风险，自由贸易试验区将能够更好地发挥其试验和示范作用，海关特殊监管区可以在安全与开放之间实现更好的平衡，从而两类特殊经济功能区能够为中国经济的高质量发展提供更加有力的支持。要把促进综保区转型发展作为自贸片区先行先试的重要内容。习近平总书记指出，要推动战略性新兴产业融合集群发展，构建新一代信息技术、人工智能、生物技术、新能源、新材料、高端装备、绿色环保等一批新的增长引擎。构建优质高效的服务业新体系，推动现代服务业同先进制造业、现代农业深度融合。加快发展物联网，建设高效顺畅的流通体系，降低物流成本。加快发展数字经济，促进数字经济和实体经济深度融合，打造具有国际竞争力的数字产业集群。两个区域要以中央政策为指导，结合自贸片区已有经验，探索园区综保区向“具有全球影响力和竞争力的加工制造中心、研发设计中心、物流分拨中心、检测维修中心、销售服务中心”转型发展。在综合保税区“腾笼换鸟”之际，积极引入研发、检测、销售服务等机构。自贸区要探索准入前国民待遇，建立负面清单管理模式，在交通运输方面，放宽外商投资国际运输的股权比例，提升国际航运服务等级；在专业服务方面，法律服务、资信调查、旅行社、投资管理业务、工程设计以及建筑服务进一步扩大开放。支持区内转口贸易及相关辅助性行业发展，同时应支持银行、法务等中介和商业服务进入园区内，大力支持服务贸易在两类区域内的发展，共同形成多元化的综合服务平台。这将有助于提升两类区域的服务能力和国际竞争力。

海关特殊监管区域和自由贸易试验区作为特殊经济功能区，是我国对外贸易的两大重要平台。一方面，二者之间有千丝万缕的联系，但另一方面，二者的协同互动面临诸多问题，仅仅关注单个或局部因素并不能系统地解释两种区域协同发展所呈现的差异化特征。因此，亟须从整体性组态视角出发，考虑影响两个区域协同发展的复合因素。本研究在分析我国海关特殊监管区域和自由贸易试验区实况的基础上，探究二者目前协同发展推进缓慢的原因，结合安徽自贸试验区、山东自由贸易试验区和四川自由贸易试验区的成功经验，从政治制度、政策环境、多部门合作等多角度归纳出推进海关特殊监管区域和自由贸易试验区协同发展的可选路径，希望可以促进二者的统筹发展，推动我国对外贸易迈上新台阶。

参考文献

[1] 王刚，胡小杉，张继明，等. 自由贸易区、自由贸易园区、中国自贸试验区、海关监管区、海关特殊监管区域“五区”辨析 [J]. 中国海关，2021（11）：36－37.

[2] 郭太臣. 我国海关特殊监管区域的历史演进及制度改革研究 [J]. 北方经济，2021（10）：69－72.

[3] 蒋灵多，陆毅，张国峰. 自由贸易试验区建设与中国出口行为 [J]. 中国工业经济，2021（08）：75－93.

[4] 谭娜，周先波，林建浩. 上海自贸区的经济增长效应研究——基于面板数据下的反事实分析方法 [J]. 国际贸易问题，2015（10）：14－24.

[5] Yao，D.，J. Whalley. The Yuan and Shanghai Pilot Free Trade Zone [J]. Journal of Economic Integration，2015，30（4）：591－615.

[6] 项后军，何康. 自贸区的影响与资本流动——以上海为例的自然实验研究 [J]. 国际贸易问题，2016（8）：3－15.

[7] 王利辉，刘志红. 上海自贸区对地区经济的影响效应研究——基于“反事实”思维视角 [J]. 国际贸易问题，2017（2）：5－17.

[8] 殷华，高维和. 自由贸易试验区产生了“制度红利”效应吗——来自上海自贸区的证据 [J]. 财经研究，2017（2）：50－61.

[9] 王智烜，王雪，邓力平. 自由贸易试验区税收效应评析——以福建为例 [J]. 税务研究，2017（9）：60－65.

[10] 王鹏，郑靖宇. 自由贸易试验区的设立如何影响贸易方式转型——基于广东自由贸易试验区的实证研究 [J]. 国际贸易问题，2017（6）：73－84.

[11] 叶修群. 自由贸易试验区与经济增长——基于准自然实验的实证研究 [J]. 经济评论，2018（4）：20－32.

[12] 聂飞. 自贸区建设促进了制造业结构升级吗 [J]. 中南财经政法大学学报，2019

（5）：145－156.

［13］韩瑞栋，薄凡. 自由贸易试验区对资本流动的影响效应研究——基于准自然实验的视角［J］. 国际金融研究，2019（7）：36－45.

［14］叶修群. 我国自由贸易园区（FTZ）的 FDI 引致效应实证研究［J］. 国际经贸探索，2016，32（02）：81－90.

［15］陈丽芬，周小付，王水平. 中国（上海）自由贸易试验区货物贸易转型升级战略研究［J］. 经济学动态，2013（11）：68－75.

［16］叶修群. 保税区、出口加工区与贸易开放——基于倍差法的实证研究［J］. 中央财经大学学报，2017（07）：116－125.

［17］李世杰，曹雪菲. 论自由贸易区、自由贸易试验区与自由贸易港——内涵辨析、发展沿革及内在关联［J］. 南海学刊，2019，5（03）：28－41.

［18］朱福林. 中国自由贸易试验区发展脉络、主要成效及高质量发展对策［J］. 北京工商大学学报（社会科学版），2021，36（03）：14－22.

［19］刘淑春. 数字政府战略意蕴、技术构架与路径设计——基于浙江改革的实践与探索［J］. 中国行政管理，2018（09）：37－45.

［20］贾敬全. 促进区域经济协调发展的财政政策研究［J］. 经济问题探索，2011（05）：53－56.

［21］韩兆柱，杨洋. 整体性治理理论研究及应用［J］. 教学与研究，2013（06）：80－86.

［22］董玉婷. 海关特殊监管区域相关问题［J］. 中国外汇，2019（01）：52－53.

［23］程跃，王维梦. 创新资源对跨区域协同创新绩效的影响研究——基于 31 个省份的 QCA 分析［J］. 华东经济管理，2022，36（06）：13－22.

［24］施炳展，游安南. 数字化政府与国际贸易［J］. 财贸经济，2021，42（07）：145－160.

［25］戚昌厚，岳希明. 财政支出与经济发展关系——对瓦格纳法则的新解释［J］. 经济理论与经济管理，2020（07）：43－57.

［26］丁金学. 新时代我国港产城融合发展问题、形势与建议［J/OL］. 当代经济管理：1－9［2023－09－17］.

［27］习近平. 高举中国特色社会主义伟大旗帜为全面建设社会主义现代化国家而团结奋斗［N］. 人民日报，2022－10－26（001）.

［28］李世杰，赵婷茹. 自贸试验区促进产业结构升级了吗——基于中国（上海）自贸试验区的实证分析［J］. 中央财经大学学报，2019（08）：118－128.

东亚及东南亚域内 FTA 原产地规则对价值链参与度的影响研究

姜风逸　李海莲

（中国免税品（集团）有限责任公司，对外经济贸易大学）

摘　要：对东亚及东南亚域内主要 FTA（Free Trade Agreement，自由贸易协定）原产地规则基于价值链行业分类进行比较，并测算了原产地规则的行业限制指数。基于域内 11 个经济体 17 个细分行业的面板数据，实证检验了 FTA 原产地规则对域内相关国家价值链参与度的影响。整体而言，日本—东盟 FTA 原产地规则对前后向价值链参与度都有显著影响，而中国—韩国 FTA、日本—泰国 FTA 则分别对价值链前向、后向参与度有显著影响。此外，根据各行业异质性进行了分组回归和稳健性检验，行业分组回归结果显示，相比矿产业，农业价值链受原产地规则的负面影响更大，且随着制造业研发密集程度的提高，原产地限制的负面效应也逐渐显现。对中国而言，域内原产地规则更影响价值链后向参与度。结合以上结论，本文提出有助于提升价值链位势的建议。

关键词：东亚及东南亚；自由贸易协定；原产地规则；价值链参与度

一、引言

原产地规则（Rules of Origin，以下简称 RoO）是连接区域一体化与全球价值链的纽带，显著改变了价值链贸易模式下的中间品流向。不同限制程度的原产地规则的影响也会首先反馈到中间品贸易，进而影响最终产品中的增加值以及各国在价值链中的分工地位。在鼓励自贸区内部价值创造的同时，也可能会对区域价值链形成产生负面影响。过去的二十年中，亚洲各国持续推进区域经济合作，建立了以日本、东盟、中国和新加坡为轮轴的多个经济合作框架。但区域经济合作机制的多元化也导致了原产地标准重叠交叉，影响了区域深度一体化进程与各国价值链融入。

《区域全面经济伙伴关系协定》（RCEP）已于 2022 年初生效，它是我国参与推动的首个贸易规模较大的区域性自由贸易协定，其原产地规则是否有助于实现区域资源优化配置和贸易自由化，需要对包括 RCEP 在内的东亚及东南亚现有 FTA 原产地规则的价值链效应进行分析，为我国正在谈判以及未来要升级的各项自贸协定提供借鉴。

本文其余部分结构安排如下：第二部分回顾现有研究中原产地规则对价值链的重构效应，即文献回顾；第三部分从价值链视角测算东亚及东南亚 FTA 原产地规则限制指数；第四部分建立双向固定效应模型，就原产地规则限制指数对东亚各国价值链参与度进行分组检验；第五部分基于研究结论，提出改进原产地规则体系及提升价值链位势的建议，即政策启示。

二、文献回顾

国际贸易的主要障碍更多在于边境内规制与监管，在全球价值链下，中间产品要进行多次跨境交易，其贸易壁垒会产生累积和放大效应。因而原产地规则的影响越来越重要，因为它主要影响中间产品贸易，这也意味着它们对垂直专业化和全球生产网络的建立产生了重要影响（Hummels 等，2001）。

（一）原产地规则推动价值链的形成

复杂的跨境生产活动往往需要复杂的规则，在价值链竞争的刺激下，区域性经济合作机制成为经济自由化和便利化的重要推动力。由于价值链增加值的差异很大程度上源于出口结构的差异，而原产地规则具有中间投入品替代效应与增加效应，因而能够重组区域内价值链，深化区域分工（成新轩，2018）。Thang 等（2021）认为，出口国为满足更加严格的原产地规则，通常转从 FTA 伙伴国进口原材料或中间产品，从而对成员国的价值链参与度产生促进作用。

Shamel Azmeh（2015）通过约旦和埃及的纺织业案例表明，投资建立区域供应基地促进了纺织品贸易的显著增长，灵活的劳动法规进一步提高了区域价值链嵌入度。王金强（2016）指出，对外直接投资和离岸外包是跨国公司降低生产成本并构建价值链的两种主要形式。Colleen Carroll（2014）认为，在简单而良性的原产地规则下，低收入亚洲国家能够迅速将自己融入跨境价值链，因此从世界贸易的垂直化中受益匪浅。成新轩（2018）认为原产地规则使域内国家在分工深化过程中的相互依赖程度得到提升，也会促进投资份额比重的上升，推动区域内价值链分工的发展及升级。

（二）原产地规则阻碍价值链的深入发展

虽然 FTA 协议与原产地规则可能推动价值链的形成，但多边层面原产地规则的不统一与价值链深入发展的现状不相适应（Zhang，Wei；2018）。区域经济合作机制的多元化导致了原产地标准的重叠和交叉，可能对区域价值链中的联系产生不利影响，阻碍了贸易自由化和投资便利化的发展（王金强，2016）。

原产地规则对价值链的负面影响首先体现在其排他性特征对非成员国利益的潜在损

害和对国际经贸规则制定权的争夺，严苛的原产地规则使得非缔约方无法继续维持在原有价值链上的位置，人为割裂分工格局（陈淑梅等，2017）。李大伟（2019）证明 TPP 原产地规则将对中国中间产品和最终产品出口造成冲击，从而对中国巩固并提升在全球价值链中的地位产生负面影响。

其次，原产地规则也可能会对区域内部价值链产生负面影响，例如扭曲资源禀赋差异较大国家的价值分配，削弱成员国家进行产业升级和产品深加工的内在动力。OECD（2015）实证研究估计，拉丁美洲国家区域贸易协定的原产地规则消除了积极贸易效应的15%以上，对中间商品贸易有更大的阻碍（30%）；孙玉红等（2022）实证表明，FTA 原产地规则对价值链参与度具有显著的抑制作用，FTA 原产地规则越严格抑制作用越大。

现有研究成果为本文研究起到了引导作用，但仍有不足之处。一方面，鲜少从价值链增值维度思考原产地规则对各行业的限制程度分布是否合理；另一方面，多将原产地规则与 FTA 的影响并列讨论（魏方等，2023），并未单独“剥离”出其本身的经济效应。鉴于上述分析，根据价值链增值阶段重新量化东亚域内的原产地规则，并建立实证模型直接检验其对价值链参与度的影响，将是具有理论与现实意义的研究创新。

三、域内 FTA 原产地规则的行业限制指数测算

（一）基于 ICIO 价值链划分的行业限制性指数测算

价值链产业部门基于世界多区域投入产出表来划分，ADB－MRIO（2018）投入产出表提供了 2000—2017 年间世界主要经济体 35 个行业部门的中间品和最终品贸易数据。本文以国际标准产业分类（ISIC）4.0 编码为媒介，实现了国家间投入产出（ICIO）表与协调制度 HS 商品编码的分类转换，并对所涉及的 21 个价值链行业进行限制指数计算。

由于亚太地区的区域自由贸易区重叠现象最为普遍，本文依据各 FTA 贸易量比重，选择东亚及东南亚域内十项具有代表性的 FTA 原产地规则进行研究。本文在七分赋值法的基础上，对成新轩（2018）和 Dimitry Kniahin 等（2019）提出的两种赋值方法进行结合，以“品目改变＝区域价值成分 40%＝4”这组使用最为广泛的等效性标准为基础，依次对其余税则改变和价值成分标准及其例外情况进行等距递加或递减，并规定在较高限制的规则上＋1 个单位为复合标准的限制程度；而较低限制规则的限制指数为选择性标准的限制程度，计算出各价值链行业的限制指数，在表 1 中显示。

由表 1 可知，在 HS 商品编码所覆盖的 17 行业之中，约 50%的行业限制指数低于 3.8，总体限制水平较合理，但各行业限制指数的极差较大。通过比较各行业原产地规则限制效应指数的平均值，可得农林牧渔业与食品制造业的限制效应指数最高，分别达到 5.742 和 5.401；而通用设备、计算机、电气以及光学产品制造业的限制效应指数最低，分别为 3.314 与 3.33；其余行业的限制指数均在（3.5～4.7）这一范围之内。

具体到各FTA，中韩FTA的农林牧渔业限制效应指数最高，达到了6.934，说明对于活动物或活植物等农产品，必须符合完全获得标准才能享受相应的关税优惠；日本—泰国的印刷出版业、金属加工业、通用专用设备制造业等12个行业的限制程度都在2左右，也从侧面体现了其特定原产地规则的行业分布规律。对于RCEP而言，除了通用及专用设备制造业外，其余行业的限制程度均略高于东亚及东南亚域内平均水平。

表1　　基于ICIO价值链划分的各行业限制指数

行业＼FTA	中国—东盟	中国—新加坡	CAFTA升级	中国—韩国	韩国—东盟	日本—东盟	日本—泰国	日本—马来西亚	日本—越南	RCEP	平均
C1 农林牧渔业	4.006	4.006	6.052	6.934	6.773	5.897	5.875	5.875	5.900	6.105	5.742
C2 采矿和采石	4.0	4.0	4.066	4.571	3.912	4.022	2.813	2.571	5.582	4.110	3.965
C3 食品、饮料和烟草	4.006	4.006	5.159	6.394	5.662	5.851	5.840	5.838	5.818	5.438	5.401
C4 纺织品与服装	3.487	3.487	3.471	4.080	3.972	4.881	4.888	4.881	4.901	5.216	4.326
C5 皮革与鞋类	4.0	4.0	4.0	4.0	4.0	6.0	6.0	4.896	6.0	4.0	4.690
C6 木材及其制品	4.0	4.0	4.0	4.218	4.0	4.188	4.149	3.960	4.188	4.0	4.070
C7 纸张、印刷和出版业	4.0	3.994	3.994	4.011	4.0	4.055	2.122	2.133	4.055	4.055	3.642
C8 焦炭，炼油和核燃料	4.0	4.0	4.0	3.161	4.0	4.0	3.448	3.032	4.258	4.097	3.780
C9 化工及化工产品	4.0	4.0	3.996	4.106	3.986	4.103	2.334	3.200	3.424	3.853	3.700
C10 橡胶和塑料	4.0	4.0	4.0	4.022	4.022	4.104	2.269	3.985	3.807	4.074	3.828
C11 其他非金属矿物	4.0	4.0	4.0	3.964	3.976	4.012	2.167	2.899	3.976	3.976	3.697
C12 基本金属和金属加工	4.0	4.0	3.997	3.938	3.990	4.0	2.005	2.009	3.940	3.959	3.584
C13 通用设备制造	4.0	4.0	3.800	3.253	3.988	4.0	2.0	2.004	3.063	3.035	3.314
C14 计算机、电气和光学产品制造	3.998	3.998	3.713	3.570	3.885	4.004	2.022	2.009	2.998	3.107	3.330
C15 运输设备	4.0	4.0	3.987	4.614	4.0	4.0	2.0	2.405	3.747	3.810	3.656
C16 其他制造业和回收利用	4.024	4.024	4.054	4.810	4.072	4.063	3.474	2.952	4.479	4.232	4.018
C17 电力，煤气和水的供应	4.0	4.0	4.857	4.857	4.0	4.857	4.833	4.571	4.857	4.857	4.569

（二）基于价值链各增值环节的限制性指数测算

Zhang，Wei（2018）等曾指出，全球价值链中创造价值最高的部分通常出现在新概念开发、研发及市场营销等上下游环节中，而产品的组装仅约占最终产品总价值的 10%，但这 10%决定了适用的关税税率。为验证域内现有 FTA 原产地规则在增值环节的作用，表 2 根据产品的研发密度与附加值的高低，将表 1 中涉及的具体行业合并成 8 种大类行业，并分别计算限制效应指数。

表 2　　基于产品附加值划分的行业限制性指数

FTA \ 行业	农林牧渔业	采矿和采石	低研发密集型产业	研发密集型产业	高研发密集型产业	贸易与运输	房地产活动，公用事业，建筑和其他服务	邮电，金融及商业
中国—东盟	4.006	4	3.831	4	4	4	4	4
中国—新加坡	4.006	4	3.83	4	4	4	4	4
CAFTA 升级	6.052	4.066	4.24	4	3.912	4	4.462	4
中国—韩国	6.934	4.571	5.004	3.99	3.852	4	4.462	4
韩国—东盟	6.773	4.912	4.595	3.997	3.971	4	4	4
日本—东盟	5.897	4.022	5.046	4.053	4.038	4	4.462	4
日本—泰国	5.875	2.813	4.837	2.212	2.127	2.036	3.417	2.4
日本—马来西亚	5.875	2.571	4.704	3.383	2.468	2.073	3.385	2.8
日本—越南	5.9	5.582	5.102	3.901	3.416	4	4.462	4
RCEP	6.105	4.11	4.97	4.02	3.596	4	4.462	4
平均	5.742	4.065	4.616	3.756	3.538	3.611	4.111	3.72

从三次产业结构划分来看，随着产业层次的提升，东亚及东南亚域内现有原产地规则的限制指数呈现降低的总体趋势。创造价值较高的中高研发密集产业和各类三次产业中，原产地制度的限制作用都不强，这说明东亚及东南亚域内原产地体系能够较好地适应现代生产贸易过程，有助于区域价值链的形成。作为东亚及东南亚地区最新的经贸规则协商成果，RCEP 的特定原产地规则与价值链增值过程所要求的分布规律完全一致，这也说明东亚及东南亚原产地规则正向着更为科学规范的方向前进。

四、影响价值链参与度的实证检验

（一）双向固定效应模型的构建

考虑到东亚及东南亚各国在价值链行业中既存在横向分工与竞争，也存在随时间变化的宏观冲击，因而用面板模型来刻画各细分行业原产地的效应较为合适。本文借鉴童伟伟（2019）研究，从国家部门层面考察制度因素对价值链参与度的影响效应。通过加入双向固定效应，可以解决不随时间和个体变化的遗漏变量问题。鉴于以上分析，本文构建双向固定效应面板模型如下方程所示：

$$Gvc\_pi,j,t=\alpha 0+\alpha 1RoOi,j,t+\beta Ii,t+\gamma t+\varphi i,t+\delta j,t+\varepsilon i,j,t$$

其中，Gvc_pi,j,t 表示 i 国 j 行业在 t 年的价值链参与度，本文采用Wang等（2017）提出的前向与后向 GVC 参与度指标作为参与程度的衡量。$RoOi,\ j,\ t$ 表示 i 国 j 行业在 t 年的原产地规则限制程度，可进一步分解为特定原产地规则和全制度范围内的规则。Ii,j,t 代表了国家/行业层面的控制变量，包括各经济体的市场规模、技术发展水平、人力资本和经济开放度等因素，β 为相应的回归系数向量。γt，φi，t 和 δj，t 是从时间、行业和时间及国家和时间三个维度上分别构造的虚拟变量，以缓解可能存在的遗漏变量问题。εi，j，t 为其他随机干扰项。最终模型确定的时间跨度为2005—2017年。

为降低内生性问题对实证估计的影响，时间固定效应（γt）控制了外部冲击等其他随时间变动的不可观察变量以及和误差项相关的变量，包括世界经济的发展趋势和国际政治局势等宏观因素。行业和时间及国家和时间效应则分别捕获行业与国家内部随时间变化的变量，如国内生产总值、价格指数和行业资本等。

（二）核心变量描述与数据来源

1. 被解释变量：各国价值链参与度

Wang（2017）等考虑了向前和向后的产业联系，在国家/行业层面上定义了GVC前向与后向参与度指数（GVC_f和GVC_b）。这两个指数的相对值GVCp表示一个国家部门在全球生产网络中的位置，其提升意味着该国在价值链分工中的地位升级。以上指标的原始数据来源于2016版世界投入产出数据库（WIOD）及2018版亚投行投入产出（ADB－MRIO）数据库，本文沿袭WIODICIO表的行业划分方法，将涉及原产地规则的HS商品编码划分为五大部门（见表3）。

表3　　价值链行业划分

部门类型	具体价值链行业
农林牧渔业（AGR）	C1 农林牧渔业
矿产业（MIN）	C2 采矿业
低研发密度制造业（LTI）	C3 食品、饮料和烟草；C4 纺织品与服装；C5 皮革及制品；C6 木材及其制品；C7 纸张、印刷和出版业；C8 焦炭，炼油和核燃料；C16 其他制造业和回收利用
中研发密度制造业（MTI）	C10 橡胶和塑料；C11 其他非金属矿物
高研发密度制造业（HTI）	C9 化工及化工产品；C12 基本金属和金属加工；C13 通用设备制造；C14 计算机、电气和光学产品制造；C15 运输设备

2. 解释变量：东亚及东南亚域内 FTA 原产地规则

本文所使用的解释变量是原产地规则的限制指数。与此前研究有所区别的是，本文将原产地规则体系按照 FTA 做区分[①]，并进一步划分为特定原产地规则（判定标准）和原产地制度与程序规则。在考虑到特定原产地规则对各项具体商品施以限制的同时，也考虑到制度规则和认证程序对总体限制程度的缓和作用。通过计算得出各 FTA 即各国具体行业层面的原产地限制指数，以便全面考察原产地规则体系对价值链参与度的效应。

3. 控制变量及其数据来源

市场规模变量（Scale）：市场规模较大的国家可以在购买和销售方面更广泛地利用国内中间产品，从而增加前向参与程度。本文运用 i 经济体及其贸易伙伴在 j 行业的国内生产总值之和衡量市场规模。该数据来自对外经济贸易大学全球价值链（UIBE GVC Indicators）数据库，在实证中做对数处理。

（1）行业开放度变量（Free）：扩大开放有助于促进一国与其他国家之间的价值链关联程度，并通过竞争提高分工效率。本文运用 i 经济体在 j 行业的中间产品贸易增加值与该行业总增加值的比值来衡量该行业的开放水平，该数据来自 UIBE GVC Indicators 数据库。

（2）技术创新变量（Patent）：一般而言，一国的外源性技术和内生性技术进步有助于提升产品的出口附加值，但也存在受到技术封锁的风险。本文使用有效发明专利数作为一国的技术创新水平的代理变量，该数据来自 CEIC 数据库。

（3）人力资本变量（Hcap）：人力资本在一定程度上反映了劳动力素质和生产效率的提高，有助于增加出口规模效益，并最终提高全球价值链中的参与度。本文用一国资本形成总额与该国就业人数之比作为衡量人力资本水平的变量，该数据来自世界银行发展指标数据库。

（4）外商投资水平（FDI）：外商投资一方面对行业技术进步与生产率提高具有积极作用；另一方面也会对内资部门造成一定的冲击，形成技术依赖。本文使用环亚经济数据库数据库 CEIC 中的分行业 FDI 数据，并作对数处理。

（5）政府效能水平（Gov）：贸易政策与制度环境也会对国际生产分工格局产生影响，本文使用商业经济统计中的政府效能水平指标，考察了商业、投资和贸易等多方面因素。

（6）汇率水平（Exch）：贸易伙伴国汇率的变动会影响到国内生产者在本国中间产品和进口中间品之间的选择，各国汇率水平以美元为相对货币衡量，数据来自世界银行世界发展指数 WDI 数据库。

① 域内主要 FTA 中，研究去掉数据缺失的中国—东盟 FTA 升级版与 RCEP 协定，以及与 CAFTA 结果相似的中国—新加坡 FTA，故本文实证中共使用 7 个自贸协定的限制性指数。

（三）实证检验

1. 全样本回归结果

表 4 显示了运用双向固定效应模型对全样本数据进行估计的结果。可以发现，东亚及东南亚地区的价值链参与度主要受到日本及东盟成员 FTA 的影响，日本与东盟签订“10+1”贸易协定以外，还与七个成员国分别签订了双边协议，制度性规则统一化程度很高。其中日本—东盟 FTA 是唯一一项同时影响价值链前向与后向参与度的自由贸易协定，且对前向参与的效应更大；从参与模式来看，特定原产地规则总体上对前向参与起抑制作用，而制度性规则对前向参与起促进作用，但两者均不利于后向参与的提升。从生产位置来看，制度性规则有利于提升价值链位置，其中日本—东盟 FTA 对东亚及东南亚整体价值链地位的提升效应最大。对于 GVC 活动而言，原产地规则限制性水平的提高既不利于本国出口商满足目的地的标准要求，也不利于从别国进口中间品，使得前向与后向贸易规模同时下降，进而抑制了前向与后向的价值链活动。

表 4　　全样本回归结果

Variable	GVC_f	GVC_b	GVC_p	Variable	GVC_f	GVC_b	GVC_p
CAFTA				JPN－THA_rule			
CAFTA_rule				JPN－VNM	0.005* (0.003)		
CHN－KOR	－0.011* (0.006)		－0.101** (0.052)	JPN－VNM_rule	－0.078** (0.033)		
CHN－KOR_rule	0.130* (0.075)		1.134* (0.682)	Exch			1.231*** (0.430)
KOR－ASEAN				Free	0.780*** (0.056)	0.055** (0.026)	2.846*** (0.407)
KOR－ASEAN_rule				Gov	0.039*** (0.013)	0.018* (0.010)	0.202** (0.096)
JPN－ASEAN	－0.003** (0.001)	－0.002* (0.001)	－0.017* (0.010)	Lnpatent	0.008** (0.004)		0.151*** (0.047)
JPN－ASEAN_rule	0.028** (0.012)	－0.027* (0.015)	0.642*** (0.200)	Lnscale	－0.004** (0.002)	0.007*** (0.002)	－0.039* (0.020)
JPN－MLY				Lnhcap	－0.040*** (0.014)	－0.030*** (0.010)	－0.163* (0.091)
JPN－MLY_rule				LnFDI	0.002** (0.001)	0.009*** (0.001)	
JPN－THA		－0.004** (0.001)	0.049** (0.020)	cons	0.079* (0.042)	0.155*** (0.051)	

注：括号内容为稳健标准误，上标“***”“**”与“*”分别表示系数在 1%、5%和 10%的水平下显著，后同。

在控制变量方面，国内制度环境的稳定性和对外开放水平更有助于前向参与并提升价值链生产位置。外商投资变量则更多依靠后向参与，长此以往不利于生产位置提升。人力资本及市场规模对两种价值链参与形式都有抑制作用，且对前向参与度的负面作用更大，反映出东亚及东南亚地区现有技术水平与劳动力素质还不足以支撑起以自身为价值链主导者的生产分工模式，只有通过提升本国生产技术水平，增加产品附加值，才能在市场竞争中占据有利地位。汇率因素通过调节商品价格，引起了进口中间品的替代效应，总体上有利于提升生产分工位置。

2. 行业分组回归结果

由于全样本回归模型中涉及的国家和行业较多，原产地规则对各行业的具体效应可能存在较大差异，为进一步了解行业异质性的影响，本文进行了若干组分组检验，对于扰动项 ε 可能存在的组间异方差或组内自相关问题，本节运用面板校正标准误来增加结果的稳健性。同时，分别加入国家和时间变量和时间虚拟变量来控制各国随时间变化的量和外部冲击等不可观测的变量。

（1）原产地规则影响农业与矿产业的回归分析

表 5 显示东亚及东南亚现有 FTA 原产地规则对农业及矿产业价值链活动都有不利影响，其中起主要抑制作用的是特定原产地规则，与基准回归结果一致。相比起矿产行业，农业价值链受原产地规则的影响更大。这是由于农产品的判定标准最为复杂，且主要运用完全获得或章节改变等严格条款，施加了农产品合规成本。矿产行业的价值链位置随着原产地限制水平的提高而上升，但这一提升路径是同时降低价值链前后向参与度的结果，并不是价值链有效提升路径，反而脱离了国际生产网络。

表 5　原产地规则影响农业与矿产业的实证估计

行业 变量	农林牧渔业			矿产能源业		
	GVC_f	GVC_b	GVC_p	GVC_f	GVC_b	GVC_p
CHN－KOR	－0.002*** （0.001）		－0.097** （0.038）		0.015* （0.008）	
KOR－ASEAN_rule					－0.163* （0.093）	
JPN－ASEAN		－0.003** （0.001）		－0.015** （0.006）		
JPN－ASEAN_rule			1.090* （0.634）			
JPN－MLY		0.004** （0.002）				
JPN－VNM		－0.003*** （0.001）		－0.020*** （0.006）		
JPN－THA		－0.004** （0.001）	0.097* （0.052）			

续表

变量 \ 行业	农林牧渔业			矿产能源业		
	GVC_f	GVC_b	GVC_p	GVC_f	GVC_b	GVC_p
Exch		0.173** (0.055)				
Free	0.902*** (0.030)	0.136** (0.059)		0.977*** (0.142)		4.343*** (1.356)
Gov	0.020*** (0.007)		1.040** (0.405)	0.226** (0.092)	0.177*** (0.059)	
Lnpatent	0.036* (0.021)	0.121*** (0.018		-0.304**** (0.089)		-3.521** (1.493)
Lnscale				2.109*** (0.535)	1.426** (0.657)	
Lnhcap				0.079* (0.042)		
LnFDI				-0.018*** (0.005)		
Cons				-1.770*** (0.460)	-1.348** (0.659)	

由于矿产行业参与价值链的倾向更强，因而各控制变量对矿产业的影响系数也明显更大。其中，行业开放度水平始终对价值链活动，特别是农业与矿产业的前向参与度具有很强的促进效果，有利于提升价值链位置；政策制度变量的正向影响虽然不及开放度水平，但也会促进两种价值链参与度，进而提升价值链位置；技术水平更有利于农产品价值链发展，市场规模扩大则主要有利于矿产行业，这是因为矿产业也正处于纵深发展提升产品附加值的转型阶段，而农产品作为生活必需品的性质，使得市场化因素影响不占主导位置。

（2）原产地规则影响制造业参与度的回归分析

表6是原产地规则影响制造业参与度的分组回归结果。总体来说，东亚及东南亚制造业的价值链参与度主要受到3个东盟“10+1”自贸协定和中韩FTA的影响。从效果来看，各FTA原产地规则主要通过影响参与形式来实现对价值链的重塑，且影响系数因行业异质性而存在差异。随着研发密集程度的提高，原产地限制的负面影响也逐渐显现。这一特征在价值链生产位置中也有体现，原产地规则更有利于提升低技术行业生产位置，但对中高研发行业的价值链位置提升则有阻碍作用。这是因为在东亚及东南亚的“10+1”协议中，低技术行业与高技术行业在原产地标准上都采用相同的价值成分或税则改变标准，但依照价值链增值规律来说，高附加值行业应当受到更少规则和税率的约束。作为一国参与国际分工的绝对主导部门，制造业在很大程度上决定了总体价值链贸易活动的形式，有必要通过重新设计合理的原产地判定标准，减少价值链提升路

径中的阻碍。

表 6　　原产地规则影响制造业参与度的实证估计

变量＼行业	低研发密度			中研发密度			高研发密度		
	GVC_f	GVC_b	GVC_p	GVC_f	GVC_b	GVC_p	GVC_f	GVC_b	GVC_p
CAFTA	0.024** （0.011）						-0.030* （0.006）		-0.132** （0.054）
CHN-KOR	0.012*** （0.003）	-0.005* （0.003）		0.004** （0.002）	-0.009** （0.003）	0.030* （0.018）		-0.010* （0.005）	
KOR-ASEAN		-0.004** （0.001）			-0.005** （0.002）			-0.003* （0.002）	
KOR-ASEAN_rule		0.040* （0.020）	-0.274* （0.129）		-0.051* （0.026）				
JPN-ASEAN				-0.013** （0.002）			-0.006*** （0.002）		
JPN-ASEAN_rule							0.048** （0.016）		
JPN-MLY			-0.031* （0.017）						
JPN-VNM	0.010*** （0.003）						0.008*** （0.002）		
JPN-VNM_rule	-0.156*** （0.045）						-0.091*** （0.023）		
JPN-THA				-0.007** （0.003）			0.006** （0.003）		
Exch					0.195* （0.100）		0.246*** （0.053）		0.967* （0.556）
Free	0.563*** （0.096）		1.925* （0.933）	0.977*** （0.025）		3.015*** （0.273）	0.687*** （0.072）		1.981*** （0.347）
Gov				0.029*** （0.010）			0.015* （0.007）		
Lnpatent				-0.119*** （0.041）			0.276*** （0.057）		1.677*** （0.599）
Lnscale	1.025* （0.604）			0.281* （0.150）					
Lnhcap	-0.079*** （0.016）			-0.015** （0.007）	-0.059** （0.023）		-0.029*** （0.008）		
LnFDI	-0.185* （0.014）	-0.318** （0.144）	1.530* （0.845）		-0.241*** （0.052）	1.719*** （0.573）	0.266** （0.085）		3.206*** （0.084）
Cons					0.931*** （0.198）				

在控制变量中，行业开放度、人力资本与外商投资对制造业价值链活动的影响更普遍。其中行业开放度、政策环境与市场规模的正效应最为稳健，但随着行业附加值的提高具有边际递减效应，对价值链位势进一步攀升的作用有限。与之相对应的是技术水平变量，虽然在中低研发密度行业中具有负面效应，但其对于高研发密度行业的促进效果十分显著。从回归结果来看，人力资本是通过降低价值链活跃度的路径来相对提升生产位置，外商投资在中低研发密度行业中的影响效应与人力资本类似，但对高研发密度行业有技术正溢出效应。汇率水平主要影响中高研发密度行业，这是因为高技术产品的需求价格弹性更大，因此汇率的价格调节作用更显著。

3. 对中国价值链参与度的影响效应分析

相较日本与东盟而言，中国的区域一体化机制起步较晚，同时也受到来自东亚及东南亚其他国家经贸规则的限制，表 7 显示了现有 FTA 原产地规则对中国价值链参与度可能产生的交叉影响。本节采用全面可行广义最小二乘法（FGLS）估计，以减少组内自相关、组间异方差和同期相关对回归结果造成的影响，同时增加复杂价值链位置指数（GVC_com）[①]来观察实证结果的稳健性。

综合来看，东亚及东南亚域内 FTA 原产地规则更影响中国价值链的后向参与度。从原产地规则的构成要素来看，原产地特定规则对于后向参与度的影响大于前向参与度，总体上对提升价值链位置有一定程度的不利影响；制度性规则则对前向参与的负面效应要大于后向参与，相对提升了价值链位置。但无论是特定产品规则还是制度性规则，有一些 FTA 具有一定的负向影响。

所有控制变量的影响都体现出了较强的稳健性。由于技术水平难以嵌入价值链上游，因此如行业开放、外商投资及市场规模等因素，虽然在一定程度上有助于价值链融入，但市场竞争的加剧会抵消部分对外开放的红利；现阶段而言，政府效能水平更有利于复杂价值链活动，这说明建立符合现代供应网络体系的经贸政策尤为重要。

表 7　　对中国价值链活动的实证估计

被解释变量 / 解释变量	GVC_f	GVC_b	GVC_p	GVC_com
CAFTA	0.060***（0.020）	0.096**（0.030）	-1.522***（0.249）	-1.140***（0.413）
CHN-KOR	-0.003***（0.001）	0.016***（0.004）	-0.092***（0.024）	
CHN-KOR_rule	0.041***（0.014）	-0.181***（0.041）	0.661***（0.230）	-0.599**（0.282）
KOR-ASEAN		0.011**（0.005）		

① **GVC_com**，指复杂价值链活动中的位置，指至少需要三个国家共同生产、国内增加值会经历至少两次国境跨越的生产活动，原始数据来源于2016 版WIOD 数据库及2018 版ADB-MRIO 数据库。

续表

被解释变量 解释变量	GVC_f	GVC_b	GVC_p	GVC_com
JPN－ASEAN		－0.115*** （0.010）		0.603*** （0.086）
JPN－ASEAN_rule			0.324*** （0.054）	
JPN－MLY	－0.004* （0.002）	－0.008*** （0.003）	－0.055** （0.026）	
JPN－VNM	0.003** （0.001）	0.016*** （0.003）	－0.065*** （0.024）	－0.142*** （0.020）
JPN－VNM_rule	－0.058*** （0.013）	－0.207*** （0.030）	0.804*** （0.212）	1.807*** （0.212）
JPN－THA		0.005*** （0.001）	－0.050*** （0.015）	－0.063*** （0.012）
JPN－THA_rule		－0.422*** （0.021）	0.241*** （0.021）	0.417*** （0.027）
Exch		2.159*** （0.146）	－1.961*** （0.108）	－3.551*** （0.239）
Free	0.569*** （0.041）	－0.125* （0.074）	－0.592*** （0.047）	0.060*** （0.006）
Gov	0.005*** （0.001）	－0.007*** （0.002）	0.125*** （0.014）	0.140*** （0.035）
Lnpatent		1.741*** （0.075）	－0.099*** （0.062）	－1.545*** （0.117）
Lnscale	－1.772** （0.559）	－2.034*** （0.088）	4.181*** （0.556）	1.109*** （0.093）
Lnhcap		0.032*** （0.010）	－0.237*** （0.083）	
LnFDI		－0.279*** （0.092）	－0.229*** （0.062）	0.334*** （0.115）

五、政策启示

从实证结论来看，东亚及东南亚地区价值链活动受到现有 FTA 原产地规则的影响，其限制性水平的提高抑制了前向与后向的价值链活动。本文基于研究结论，提出如下有助于提升价值链位势的政策启示。

1. 积极参与和支持 RCEP 机制建设。RCEP 原产地规则对以往标准进行了改进与整合，符合价值链增值规律，是东亚及东南亚现有 FTA 中设计最为完善与合理的原产地规则。因此，东亚及东南亚各国应当共同推动提高协定的整体实施水平，以统一的高标准经贸规则覆盖现有多元重叠的区域合作机制。

2. 注重国家层面原产地标准的统一体系构建。相比起日本与韩国已形成以自身为主导的原产地标准条款，中国各自贸协定中的标准运用和分布各不相同，限制性水平也有较大差异。在后续FTA谈判中，中国应致力于构建统一标准的原产地规范，以节省贸易过程中因满足不同伙伴方规则而产生的生产管理成本。

3. 依托优势产业和自主创新，转变以后向参与和中游嵌入为主要形式的价值链提升路径。在扩大贸易范围和对外开放规模的同时，积极扶持本国优势产业加入市场竞争，依托自主创新能力主动切入上游研发设计环节，提升技术溢出吸收效率，优化价值链有效参与路径。

4. 积极扩大区域经贸合作规模，尤其要注重原产地制度性规则建设。相较日本而言，中国融入区域经济一体化较晚，仍需建设更广泛的区域合作机制，提升在东亚及东南亚价值链中的影响力。回归结果证明，原产地制度性规则对价值链参与的负面效应比特定产品规则更大。需通过建立全面而简洁的合规程序，减少我国参与国际生产分工的阻碍。

5. 培育有利经济环境，提升优势产业竞争力。对于资源导向的农业和矿产行业，要制定持续的发展政策；对于资本和技术导向的制造业，要通过提高自主创新能力来提升产品附加值，实现从被动承接产业转移到主动嵌入价值链上游的转变。因时制宜构建良好的产业发展生态，在国际价值链竞争中掌握更多主动权。

参考文献

［1］Hummels D, Ishii J, Yi K, et al. The Nature and Growth of Vertical Specialization in World Trade［J］. Journal of International Economics, 2001, 54(1): 75－96.

［2］成新轩，于荣光. 东亚地区自由贸易区优惠原产地规则对区域专业化分工的影响研究［J］. 世界经济研究，2018（08）：112－122，137.

［3］Thang D N, Ha L T，Dung H P, et al. On the relationship between rules of origin and global value chains［J］.The Journal of International Trade & Economic Development, 2021, 30(4): 549－573.

［4］Azmeh S. Transient global value chains and preferential trade agreements：rules of origin in US trade agreements with Jordan and Egypt［J］.Cambridge Journal of Regions，Economy and Society, 2015, 8(3): 475－490.

［5］王金强. 亚太价值链构建中的原产地规则分析［J］. 社会科学，2016（06）：17－30.

［6］Geraets D, Carroll C, Willems A R. Reconciling rules of origin and global value chains: the case for reform［J］. Journal of International Economic Law, 2015, 18(2): 287－305.

［7］Zhang W, Yong C C. Decomposition of global value chains for equipment exports of China ［J］. International Journal of China Studies, 2018, 9(1): 79 – 96.

［8］陈淑梅，林晓凤. 全球价值链视角下中国 FTA 的贸易效应再检验［J］. 东南大学学报（哲学社会科学版），2018，20（03）：32 – 42 + 146 + 2.

［9］李大伟. 类 TPP 原产地规则条款对中国参与全球价值链的影响研究［J］. 宏观经济研究，2017（12）：119 – 128.

［10］Kowalski P, Gonzalez J L, Ragusa's A, et al. Participation of developing countries in global value chains: Implications for trade and trade-related policies ［J］. 2015.

［11］孙玉红，张奇，崔霞. FTA 原产地规则对价值链参与度的影响研究［J］. 世界经济研究，2022（08）：89 – 102 + 137.

［12］Dinh D，Kniahin D，Mimouni M，et al. Global landscape of rules of origin：Insights from the new comprehensive database ［J］. 2019.

［13］童伟伟. FTA 深度、灵活度与中国全球价值链分工参与程度［J］. 国际经贸探索，2019，35（12）：23 – 40.

［14］Wang Z，Wei S J，Yu X，et al. Measures of participation in global value chains and global business cycles ［R］. National Bureau of Economic Research，2017.

［15］魏方，范馨. FTA 条款深度与区域价值链参与：来自"一带一路"国家的证据［J］. 经济体制改革，2023（03）：63 – 71.

［16］刘炳茹，成新轩. FTA 网络深度与广度对中国全球价值链地位影响［J］. 科学决策，2023（02）：115 – 128.

供应链安全视角下国外自贸区海关监管模式探析

唐　仪

（对外经济贸易大学政府管理学院、宁波银行北京分行）

摘　要：海关在跨境贸易中承担了主要监管职责，海关传统监管职能以缉私、征税等职责为主，近年来为了适应复杂的国际供应链市场环境，越来越重视安全管理职能，国外部分国家（地区）亦是将供应链安全监管上升到国家战略层面。本文首先梳理了世界海关组织对于供应链安全监管的制度要求，以及欧盟、美国、新加坡的供应链安全制度体系建设成果，而后进一步分析在全球自由贸易区（港）发展背景下，为维护本国产业链供应链安全，部分国家（地区）的自贸区海关监管模式特点，进而对我国自贸区海关监管提供经验启示。

关键词：供应链安全；自贸区；海关监管

自“9·11”事件发生以后，国际反恐形势日益严峻，实现经济全球化发展的同时，国际贸易供应链安全也迎来了更严峻的挑战，供应链中的每一环节都影响着国际贸易安全。海关在促进贸易便利的同时，也承担着保障供应链安全和贸易安全的责任。世界海关组织（WCO）通过的《全球贸易安全与便利标准框架》，即“SAFE 框架”，为世界各国海关组织提供了一套安全监管标准，欧盟、美国、新加坡等国家（地区）的海关也逐渐重视起来，建立起较为完善的制度、计划和体系。

此外，在全球自由贸易区（港）建设背景下，各国对外贸易开放程度不断提高、产业链供应链环境更趋复杂，海关监管面临更多挑战。国外自贸区建设较早，在法制建设、监管形式、政策支持等方面历史经验丰富，我国自贸区建设尚仅十年，许多制度体系仍不完善，创新意识有待提高，因此借鉴国外自贸区海关监管经验，推动我国自贸区成为发展对外贸易和先进制造业的重要载体，有助于实现产业聚集，维护国内供应链安全稳定。

一、国外海关供应链安全制度体系

全球国际贸易摩擦和恐怖主义事件频发，各国家地区在供应链管理和保障供应链安全方面难度加大，为加强海关管理和维护国际贸易供应链安全，世界海关组织（WCO）

与各国家地区海关相应建立了一系列供应链安全制度体系，如表 1 所示。

表 1　　不同国家（地区）供应链安全制度体系建设成果

名称	欧盟	美国	新加坡
海关隶属机构	欧盟委员会	国土安全部	财政部
代表性纲领文件	《欧盟海关法典》 《欧盟海关法典实施条例》 《欧盟海关风险管理战略和行动计划》	《全球供应链安全国家战略》 《集装箱安全协议》 《24 小时舱单规则》 《供应链最低安全标准》	《保护贸易安全的合作伙伴关系计划》（STP）
科技手段	智能检测技术 安全弹性全球供应链项目	自动化商业环境（ACE）平台	电子数据交换系统（Trade Net） 贸易交换网（TradeXchange）
协作关系	欧盟海关一体化监管 经认证的经营者制度（AEO）	国防部、商务部、农业部等协同监管、海关贸易伙伴反恐计划（CTPAT）	移民与卡口局、 食品局等协同监管 STP 计划、Trade First 评估

资料来源：作者根据相关资料整理。

（一）世界海关组织 SAFE 框架对供应链安全的要求

世界海关组织（WCO）于 2005 年 6 月正式通过了《全球贸易安全与便利标准框架》（简称“SAFE 框架”），该框架致力于为全球国际贸易供应链制定标准，各成员海关通过意向参与的方式制定统一标准，同时跨境贸易遵照一体化供应链管理原则，海关与海关、商界、其他政府部门之间通过加强合作，实现标准统一和信息交互，提升全球供应链安全稳定水平。2021 年 SAFE 框架进一步更新，增加了海关与其他政府部门合作要求，进一步推广智能检测、关税互认、货物安全认证等措施，并且倡导实施“经认证的经营者”即 AEO 制度，制定了《AEO 实施和认证指南》，创新供应链安全认证模式。

SAFE 框架中对于供应链安全标准的解读，基于四个核心要素①：一是针对进出口以及转运贸易业务提前提交货物电子信息的要求，便于海关提前核实货物信息，预防风险，也为后续货物分类监管打下基础；二是成员海关采取统一标准的风险管理方法保障安全，强调了海关风险防控体系建设的重要性，并对数据共享提出了一定要求；三是在进口国的合理要求下，出口国对一些高风险的出口货物进行检测查验，优化检测手段，提高智能设备使用率；四是海关为达到供应链安全高标准的企业实施相应的便利措施；五是海关应加强与其他监管机构之间的合作，在跨境贸易管理方面，海关起到关键作用而非全部作用，在供应链各个环节仍需多个部门协同合作。

① 资料来源：世界海关组织，《全球贸易安全与便利标准框架》。

SAFE 框架为国际贸易海关监管提供了一个统一合作的平台。为了加强海关与海关、商界、其他政府部门之间的协作，各成员海关应统一执行标准，相关技术性标准参考世界海关组织于 2004 年 6 月发布的《一体化供应链管理指南》。该指南从一体化监管流程层面，明确了供应链上各主体包括进出口商、承运人等的申报职责，以及在供应链各环节海关应遵循的信息交互原则；在跨境数据交换方面，提倡各成员海关之间、海关与商界伙伴之间的数据交换，但仍需重点关注数据隐私保护相关规定；在信息系统建设层面，提倡基于信息和通信技术指南（ICT）进行系统建设和业务开展，如单一窗口建设，海关也可加入到口岸物流系统，获取相应数据①。

（二）不同国家（地区）供应链安全制度体系建设成果

1. 欧盟

欧盟委员会设置了税务与海关同盟总司负责管辖海关事务，欧盟海关不是一个单独的机构，而是泛指欧盟 27 国海关在统一的《欧盟海关法典》和《海关税务条例》下形成的海关联盟，承担海关职能的统称。欧盟海关在供应链安全准入方面，以 SAFE 框架作为指导原则，近年来，围绕风险管理、信用认证、监管技术等方面，进一步完善供应链安全制度体系。

第一，在欧盟体系内建立了标准统一的风险评估体系，对高风险货物实行重点监管，对货物到港前、离港前信息进行提前确认与风险评估。根据 SAFE 框架中对进口国可提前获取货物电子信息的标准，《欧盟海关法典》中约定所有进入欧盟关境的货物，无论最终目的地是否为欧盟境内，均应提前进行货物概要信息申报。概要申报既可由进出口收发货人申报，也可由承运人申报，通过货物概要信息，欧盟海关可提前进行风险分析与预估，同时，将货物分为 A 类（高风险）、B 类（中风险）和 C 类（低风险）三类。欧盟海关于 2014 年 8 月正式发布了《欧盟海关风险管理战略和行动计划：应对风险、加强供应链安全和促进贸易》的工作文件，该文件强调了欧盟海关在供应链管理中的四项基本原则：一是强调对货物的提前风险评估；二是强调海关与海关之间、海关与其他政府执法机构以及私人部门的密切合作；三是各部门多层次协调管理办法，比如海关作为跨境贸易中的核心监管主体，供应链各环节监管部门应及时向海关汇总数据信息；四是提高技术应用水平，利用好现有的信息资源。

第二，建立海关商界合作伙伴关系，实施经认证的经营者制度，在《欧盟海关法典实施条例》中进一步细化规定。根据 SFAE 框架中海关与企业伙伴关系标准，欧盟海关制定了经认证的经营者（AEO）计划，并且在《欧盟海关法典》和《欧盟海关法典实施条例》中均进行了相关规定。AEO 认证由企业自愿申请，需要至少有三年以上国际业务经验且符合欧洲安全资格标准，如在内部风险评估能力、程序安全性、信息系统建设等

① 资料来源：世界海关组织，《一体化供应链管理指南》。

层面满足一定标准，同时 AEO 认证企业在欧盟境内可享受简化通关手续、担保减免、放宽查验等多项特殊优惠政策。

第三，提升科技手段在海关监管中的运用，并且积极开展创新项目试验。欧盟委员会为欧盟海关的科技创新项目提供了大量资金支持，海关通过与学术研究机构、工商业私营部门合作，在智能检测、智能查验方面取得了不少创新成果。也有部分研究从多式联运流程优化、集装箱运输监管等方面入手，如安全弹性全球供应链项目（Consistently Optimized Resilient Secure Global Supply – Chains，CORE）、中欧安全贸易智能航线试点计划（Smart Secured Trade Lane，SSTL）等，在提高供应链运输效率的同时，提高监管效率。

2. 美国

美国海关在组织机构设置上隶属于国土安全部，包括海关边境保护局（Customs and Border Protection，CBP）和移民海关执法局（Immigration and Customs Enforcement，ICE）两部分，此外海关与物流协会、供应链委员会等合作，也体现了对于安全管理的重视，因此在制度设置、技术支持等方面，都侧重于供应链安全，主要优势体现为以下三个方面。

第一，供应链安全上升到国家安全战略地位，对关键产业保护力度加大。自“9·11”事件发生之后，美国在供应链安全管理方面的重视程度越来越高，海关联合其他政府机构、非政府组织等出台了一系列的协议制度，对进出境环节管理、信息技术应用、供应链主体管理等方面制定了相应标准，如 2001 年《海关—商界反恐伙伴计划》（Customs – Trade Partnership Against Terrorism，C – TPAT）提出了通过海关与商界企业合作，海关制定供应链各环节最低安全标准，企业自愿申请加入供应链安全评估体系，满足要求即可在查验、清关、国际合作方面获得优惠待遇；2002 年《集装箱安全协议》（Container Security Initiative，CSI）与 2003 年《24 小时舱单规则》从运输工具检查、运输申报查验等方面细化管理要求；2012 年奥巴马政府发布《全球供应链安全国家战略》，首次从国家战略层面明确了供应链安全的重要性。近年来，美国针对半导体、生物制造、能源等关键产业发布了多项行政令及法案，如 2022 年《芯片与科学法案》《关于推进生物技术和生物制造创新以实现美国生物经济可持续和安全发展的行政令》，海关监管也从供应链物流监管逐渐向关键产业保护方向转移。

第二，信息技术在海关监管中应用范围广泛。通过技术手段实现海关、口岸联动，提前获取货物信息数据，在供应链前端加大风险防控。2001 年开始美国海关实行自动化、现代化改革路径，不断推广电子数据形式的无纸化货物信息传输，建设自动化商业环境平台（Automated Commercial System，ACE），平台整合多个政府部门成为单一窗口，方便对货物信息、进出口数据收集整理和共享分析，既为贸易企业提供一站式服务，也实现贸易企业与海关、政府机构的共享互助，加强海关与产业之间的协作交流。同时，对技术的广泛应用还体现在通关申报、货物查验等方面，如 CSI 协议要求采用非侵入式和放射性探测手段进行集装箱查验，以智能技术查验代替人工查验，节省人力物力，提高查验成功率；利用自动舱单管理系统，加强对船公司的承运人管理，承运人需提前在港口装货前进行标准化舱单信息申报。2018 年美国国土安全部成立信息和通信技术供应链风险管理工作组，2019 年美国商务部加强与海关合作，设立关键技术供应链安全办公室，对供应链安全监管由实体安全向网络技术安全转移。

第三，建立多元合作伙伴关系，重视国内国际合作。国内方面，与企业、其他政府机构的合作伙伴关系紧密，可以更好实现安全标准互通互认。国际上，积极寻求与其他国家海关合作。美国“海关—商界反恐伙伴计划”（C—TPAT）是国土安全部在供应链安全管理方面最大的政府—私营合作伙伴关系，C—TPAT 成员需按照美国海关公布的《最低安全标准》进行供应链管理，该标准涵盖了风险评估、企业伙伴关系、交通运输安全、网络技术安全等 12 个方面，申请 C—TPAT 成员资格，企业需向美国海关提供货物、供应商、运输工具、运输路线等一系列信息，同时海关为 C—TPAT 成员提供相应的通关便利待遇，2020 年末 C—TPAT 参与成员已达 1 万余家。此外，美国不断加强国际互通互认，与新西兰、加拿大、约旦、中国台湾、墨西哥等 12 个经济体签署了 C—TPAT 互认协议，世界各地 50 余个港口加入了美国 CSI 协议[①]。国内方面，美国海关与其他政府组织机构合作密切，一方面体现在标准互通互认，美国海关的执法依据大多来自其他机构的标准与政策，如国防部制定的《军事物资和服务供应链手册》、食品药品监督管理局制定的《药品供应链安全法》，以及交通部、能源部等发布的供应链相关政策，均作为海关在相关领域的执法依据；另一方面，美国海关与其他政府机构的联合行动计划频繁，如 2010 年，商务部、农业部、食品药品监督管理局发布的《2010 知识产权执法战略计划》，提出对供应链上货物进行知识产权分类管理，防止侵权货物进入，保障供应链安全，2018 年，与运输安全管理局联合开展空运货物的预检，提前识别高风险货物。通过国内国际的多方合作伙伴关系，美国海关在供应链安全管理方面更加全面、高效。

3. 新加坡

新加坡是亚洲地区的国际贸易金融中心，其贸易便利化程度、自贸港开放程度均得益于供应链高效管理。新加坡海关隶属于国家财政部，在贸易和税收监管职能下，十分重视供应链安全，并将供应链安全上升到国家安全战略层面，2006 年制定了《保护贸易安全的合作伙伴关系计划》（Secure Trade Partnership，STP）[②]，STP 计划实施的基础是 Trade First 评估体系，该评估针对所有希望获得新加坡海关许可以及申请贸易便利的企业，根据企业整体概况、流程程序、库存管理、安全标准、合规性以及其他特殊要求等 6 个方面，将企业分别匹配了 5 种不同的便利化程度[③]，结合该评估结果，STP 计划从实

---

① 资料来源：CBP 官网 https://www.cbp.gov/boder-security/ports-entry/cargo-security/csi-brief.

② 资料来源：新加坡海关官网 https://www. customs. gov. sg /businesses/customs-schemes-licences-framework /secure -trade-partnership-stp /#.

③ 资料来源：新加坡海关官网 https://www. customs. gov.sg/businesses/customs-schemes-licences-framework/trade-first.

施、监督、完善、核查等角度为企业制定了供应链安全指南要求，帮助企业提升安全等级以获得海关优惠待遇。新加坡海关作为该计划的主要实施机构，承担了企业认证、咨询服务、提高企业供应链安全意识的主要职责。

为了简化贸易单证手续，精准防控供应链风险，提高贸易便利程度，新加坡海关最早于 1989 年建设了电子数据交换系统（Trade Net），为早期的“单一窗口”模式，系统解决了纸质单据传递的繁琐，通过协调各政府机构，以“单一窗口”的方式提供通关核验相关的一站式服务，并在 2007 年全新推出贸易交换网（TradeXchange）。通过连接贸易和物流，加强贸易安全、供应链安全的管理。新加坡建设了东盟海关过境系统（Asean Customs Transit System，ACTS），该系统以信息化海关跨境管理的方式，为在东盟境内跨境陆路运输的企业提供服务，通过该系统，贸易商只需办理一次海关手续，就可实现在东盟成员国之间自由运输货物。

在供应链安全监管上，新加坡多部门协同监管体系完善，海关是口岸监管的首要部门，在进出口环节实施不同监管策略，出口以促进贸易增长为目的，符合国际约定协定、满足供应链安全，从而提升本国企业和产品声誉；进口以风险防范为主，重点关注偷逃税、逃避贸易管制、虚假原产地申报等行为。其他政府机构在供应链安全监管上根据相关内容开展协同管理，如新加坡移民与卡口局侧重于进出境货物、物品、车辆等通关检查服务；新加坡食品局负责进口食品的检验检疫；新加坡国家公园局负责进口动物、植物及其产品的检疫等。

二、国外自贸区海关监管模式比较

为了进一步提升贸易自由便利程度，支持本国重点产业链供应链发展，促进经济增长和对外贸易开放，世界各国加快设立自由贸易区。自由贸易区享受离岸贸易政策，业务发展以对外贸易为主，同时也衍生了出口加工、保税仓储物流、金融投资服务等一系列产业模式。在体现自由贸易的同时，不同国家地区的海关监管模式也呈现一定特色，如本节表 2 所示。

（一）欧盟海关：制度引导一体化监管

1.《欧盟海关法典》明确海关监管制度

《欧盟海关法典》为自贸区海关监管提供了制度依据，也明确了自贸区的功能性质。欧盟自贸区的海关法制建设从 20 世纪 60 年代末期开始，至 2016 年基本成型，经历了 4 个主要阶段：第一阶段是 1969—1971 年，为了促进贸易自由化进程，欧共体关税同盟上升到海关同盟，提出相关指令明确自贸区的重要性，在自贸区内可进行货物的加工增值服务；第二阶段是 1988—1994 年，欧共体提出自贸区和保税区统一实施条例，明确自贸区的关内性质；第三阶段是 1994—2008 年，《欧共体海关法典》《欧共体海关法典的实施条例》生效，对自贸区的法律地位、运营模式、货物的性质作出了全面的规定，也从此奠定了欧盟海关法的基础；第四阶段是2008—2016年，对《欧共体海关法典》的多次修改并制定了《现代化海关法典》，修改内容包括对之前Ⅰ和Ⅱ两种类型自贸区的删减。其中，Ⅰ型自贸区由各国明确物理管辖范围，进出该区域均接受海关监管，但非欧盟货物进入该区域不需海关授权，区内可开展货物加工等多种综合服务，安全方面需满足海关监管要求，且海关有权暂停或取消相应项目开展。Ⅱ型自贸区主要是满足货物仓储服务，货物进入该区域需取得海关授权，区域内不可改变货物性质进行加工，仅用于方便后续转销等。最终于2016年通过了《欧盟海关法典》，对两类型自贸区制度作了整合，将对自贸区货物监管上升到自贸区监管本身，仅仅作为一种特殊海关监管方式，不代表放松监管权限。此后的欧盟自贸区监管制度的特点主要是海关监管更加明确，进出自贸区的人员、货物、运输工具均受到海关监管，区内业态综合化，明确欧盟货物和非欧盟货物的分类监管形式，欧盟货物较非欧盟货物可更自由便利流通，对区内的任何经营实体、流通过程实施全程监管。

2. AEO制度优化海关同盟监管模式

欧盟最早的自贸区是在欧盟经济体贸易便利化、实行更优惠措施的基础上发展起来的，各成员国依托港口建设，发挥本国重点产业优势，依托AEO制度实施一体化协同监管。欧盟自贸区的港口优势效应十分明显，如爱尔兰—香农自贸区依托大西洋航线中转地理优势，荷兰—鹿特丹港的船舶物流运输优势，根据不同区位特征，爱尔兰注重航空产业升级，荷兰借助仓储运输优势发展转口贸易。监管主体除当地海关之外，还包括园区协会、集团等第三方机构，区内货物信息、单证信息、运输工具信息均实行统一标准，根据SFAE框架中海关与企业伙伴关系标准，欧盟海关制定了经认证的经营者（AEO）计划，提出经授权的经营者制度即AEO制度，以此为基础建立了海关同盟监管模式。我国现阶段的自贸区发展更加注重便利化、自由化，对于安全监管重视程度不够，但从欧盟自贸区历史发展经验来看，对自贸区的监管并未随着便利化制度创新而放松，反之，在制度创新的同时对于监管对象、监管要求都有了更明确的规定和标准，整体海关监管模式趋向于常规性和广泛性。

（二）美国海关：自主创新协作治理型

1. 对外贸易区的监管性质和功能定位

美国作为全球自由贸易区数量最多的国家，自贸区逐渐成为发展对外贸易和先进制造业的重要载体，进而实现产业聚集，维护国内供应链安全稳定。美国对外贸易区建立在立法基础上，1934年6月通过了《对外贸易区法案》并且制定了《对外贸易区条例》，旨在应对1929年之后的经济大衰退影响，抵抗国内贸易保护主义，着重发展国际贸易。法案明确了对外贸易区的概念为海关管辖内或相邻的一个或多个特殊监管区域，享受免税和其他优惠政策，同时规定对外贸易区的主管机构为对外贸易区委员会，该委员会隶属于美国商务部国际贸易管理局，主要监管机构为海关和边境保护局与移民海关执法局，同时也受当地联邦政府机构的管辖。

制造和物流是美国对外贸易区的主要功能定位。美国对外贸易区针对加工制造出台了较多政策优惠，如《对外贸易区法案》中规定，针对进入对外贸易区的用于直接生产的设备零部件等，可享受延迟交税的优惠待遇。同时，针对区内商品出区，海关制定了货物分类监管、周报关、物流直通等特色便利化制度。入区商品总额中，进入仓储物流分拨区域的占比约40%，进入生产加工区的占比约60%，在《全球供应链安全国家战略》实施计划下，各区分别培育重点支柱产业，如纽约自贸区大力发展汽车产品加工制造。

2. 对外贸易区的协同监管机制分析

美国对外贸易区整体管理体制与我国相比，同样具备贸易便利化和税收优惠的政策，但更加兼具统一性和自主性，其引入私营单位进行园区管理，具备总分区灵活管理模式，以及多重协同监管机制。从运行模式来看，对外贸易区委员会负责主要的运行管理，委员会设置在商务部内，具备针对自贸区的立法、司法和行政职能，负责区内各项事务的申请审查以及区内年度经营管理。我国则由各地区的自贸区管委会进行自贸区运营管理，其更偏向行政职能，同时承担了地区招商引资、创新建设等任务。美国对外贸易区同样受到联邦地区管理，但在立法层面，《对外贸易区法》高于州联邦立法，因此区内各项事务决策上秉持协同配合、互利共赢的原则共同推进。从监管模式来看，海关与边境保护局、移民与海关执法局仍为核心监管主体，一方面基于C—TPAT协议要求，与企业保持信任合作关系，在对外贸易区内不再派设海关常驻官员，监管方式由“现场每单查验”转变为“不定期审计稽查”；另一方面与委员会建立异常沟通协调机制，同时协调食品与药品监督管理局开展货物卫生安全查验，与农业部开展农产品缉私核查等。从效应结果来看，美国对外贸易区整体市场化程度更高，申请批准的特殊制度，符合市场化利益导向，自由贸易区主要分布在东北和南部地区，以港口、航空、陆路枢纽三种特征模式为主，但陆路枢纽模式下的自贸区数量最多，分布较广。对外贸易区可由私营部门运营，因此其建设也随着政策环境、市场需求增减调整，动态管控。相比行政管理企业，自主活动更为频繁，如1972年成立的全国对外贸易区协会，1980年推动取消加工成本计入货物应纳税额，广泛惠及区内贸易加工企业，此后除不符合法律规定的事项明令禁止，有利于贸易便利、行政简化的事项，均可提交委员会申请，更体现了政府企业伙伴发展关系。我国更加倾向于从行政管理、宏观调控到企业管理的创新模式。美国对外贸易区的管理体制对我国之后的自贸区发展具有一定的借鉴意义。

（三）新加坡海关：区港共建政策支撑型

1. 自贸区法制建设体系分析

新加坡整体面积不大，其独特的地理位置和开放的贸易政策，促进了自贸港的建设和经济发展。新加坡建立了完备的自贸区法律体系，1965年政府颁布了《自由贸易区法案》，对自贸区的运营管理、监管创新、优惠制度等进行了协调安排，并明确了政府作为管理部门和服务部门的双重身份；1969 年，相应制定了《自由贸易区条例》，从行政管理的角度保证自由贸易区法案的有效落实，为区内货物监管、设施保护、日常运营等提供具体标准。与我国自由贸易区法律涉及多部法典不同，新加坡自由贸易区采用中央和地方双层级管理模式，《自由贸易区法案》作为中央核心法律，《自由贸易区条例》作为地区实施条例，不再针对自贸区另行立法，节约了法律资源，避免了法律冲突，有助于统一监管的实施。

2. 口岸监管与产业支持政策分析

新加坡自贸区包含了自由贸易园区、工业区、保税区等不同形式，从功能定位来看，自由贸易园区以发展转口贸易为主，自由贸易政策和贸易便利化是其核心，区内可开展分类装运、轻加工等业务，依托海运、空运和陆运的优势交通网络，吸引亚洲地区货物集中在新加坡集散转运，自由贸易园区内 90%货物都将继续转运至其他国家，保税区仓储运输功能明显，利用货物进出关税减免的政策、无进出口配额限制、仓储费用低等优势，吸引了 DHL 等头部国际物流企业，仓储中心、物流中心较为集中，提供了便捷的物流管理服务；工业区实行制造业和服务业共同发展，区内大力发展高新技术产业，通过高端制造加工带动服务业、金融业的发展，离岸金融业务发达，采用“负面清单”和“正面清单”相结合的投资政策，鼓励外资设立工厂。从管理体制来看，《自由贸易区法案》规定海关为货物进境监管主要部门，明确了海关人员的管理职责，财政部负责自贸区设立的统筹规划，并依法确定自贸区的主营机构，但园区的行政管理和开发经营职能是分开的，目前新加坡共有 9 个自贸区，分别由新加坡国际港务集团、新加坡民航局、裕廊镇管理公司等管理，公司运营模式更贴近当地产业发展需求。

表 2　　国外自贸区海关监管模式比较

名称	欧盟	美国	新加坡
法制基础	《欧盟海关法典》	《对外贸易区法》 《对外贸易区条例》	《自由贸易区法案》 《自由贸易区条例》
园区名称	自由贸易区	对外贸易区	自由贸易区
功能定位	物流集散型	商贸结合型	自由港型
运营机构	第三方机构	向对外贸易区委员会申请准许经营	新加坡国际港务集团、新加坡民航局及裕廊镇管理公司
监管部门	欧盟海关	对外贸易区委员会、美国海关	新加坡海关、民航局、港务局
主要行业	汽车、石油化工、机械制造、制药	电子、工程、航空等	物流、金融
监管模式	制度引导一体化监管	自主创新协作治理型	区港共建政策支撑型

资料来源：作者根据相关资料整理。

三、对我国自由贸易试验区海关监管的启示

通过对比分析欧盟、美国、新加坡在自贸区海关监管模式、维护供应链安全稳定方面的历史经验，总结得出自贸区建立的初衷都是为了通过贸易便利化，进而扩大对外开放，优化升级本国的供应链产业链，提高经济效益。在实现路径上存在相同的优势和特色之处：一是立法基础完备。国际自贸区海关监管均在国家层面制定了自贸区专门的基本法律，明确了自贸区的运营管理模式和主要监管部门职责，权责清晰，地方及各区可在中央立法基础上完善相关实施条例，以地区特色为基础进行改革创新。二是管理模式由政府主导型向企业主导型逐渐转变。政府的行政管理职能主要集中在园区设立标准和运营管理规范，海关对区内货物进出、安全查验、关税核查承担主要职责。各地方委员会、协会、集团等私人部门，负责园区的日常运营，统一货物单证信息标准，招商引资，重点发展高新技术产业，进行制度优化，提高贸易便利程度。三是重视技术发展和信息统一，支持高新技术发展，重视地方优势产业，重点引入高端制造企业。新加坡制定“负面清单”和“正面清单”，降低投资门槛，大力发展离岸金融，支持实体经济。统一货物单证信息，健全信息管理，欧盟建立了海关同盟和企业信用分类机制，美国海关与自贸区委员会、食品药品监管局建立沟通协调机制，新加坡海关最早建设贸易电子数据交换系统。对比之下，我国自由贸易试验区的发展和监管还存在很多不完善之处，如在立法层面，没有自贸区基本立法，我国的立法依据主要是国务院总体方案和地方条例、管理办法等，海关监管也主要依据《中华人民共和国海关法》和海关保税区、海关货物监管等规章制度，导致顶层设计缺失，海关监管协调难度较大，监管效率不高。在制度创新层面，缺少私营部门合作，以中央和地方管委会合作为主，导致地方自主创新缺乏，货物流、资金流不一致，海关监管难度较大。此外，我国在外汇资本管制的现状下，如何保障供应链金融稳定，有效支持地方供应链产业链发展，还需重点关注。

参考文献

［1］世界海关组织. 全球贸易安全与便利标准框架，2005.

［2］世界海关组织. 一体化供应链管理指南，2004.

［3］胡蓉. 供应链安全与海关监管制度国别研究［M］. 上海：上海人民出版社，2020.

［4］韩爽，田伊霖. 2022 年度美国供应链安全政策分析、影响与应对［J］. 情报杂志，2023（7）.

［5］陈苏明. 全球供应链管理与国际贸易安全［M］. 上海：上海人民出版社，2016.

［6］王雅丽. 美国 C—TPAT 制度与我国 AEO 制度对比分析及启示［J］. REVIEW 观

察，2021（8）：79－81.

［7］王雅丽，詹金良．新加坡海关风险管理概况及启示［J］．中国海关，2022（10）：86－87.

［8］张晓涛，林茂，钟腾龙，等．欧盟全球自贸区建设的逻辑及对其全球价值链重构的影响［J］．国际贸易，2021（12）：77－82.

［9］朱秋沅．欧盟自由区海关制度分析及对中国自贸区建设的启示［J］．中国经贸，2014，5（10）：36－39.

［10］朱秋沅．欧盟海关法典三十年演进、价值及其参考经验［J］．海关法评论，2023（11）：176－188.

［11］王淑敏，韩徐墨杨．美国对外贸易区法的管理体制对中国自由贸易港的启示及对策［J］．海峡法学，2019，9（3）：45－48.

［12］朱福林．美国对外贸易区演化及对我国自由贸易港高质量建设的启示［J］．科学发展，2021，7（152）：57－63.

［13］王胜，康拜英．新加坡自贸港发展策略探析［J］．自贸区（港）建设，2018（5）：32－33.

［14］闫然．全球先进自由贸易区的功能定位、监管模式与政策创新——以迪拜、新加坡、伊基克为例［J］．上海商学院学报，2014，8（15）：35－39.

贸易壁垒

数字贸易及其监管壁垒的限制程度量化研究
——基于国别数据的比较

崔景华　李　滨
（对外经济贸易大学政府管理学院）

摘　要：数字经济时期，数字贸易已成为国际贸易与互联网信息技术融合的重要因素，在促进全球的经济发展方面起着至关重要的作用。目前各国在“美式范式”与“欧式范式”的双重影响下，纷纷采取一些措施限制数字贸易的进行。我国数字贸易发展相对比较晚，因此如何形成我国的数字贸易制度体系显得尤为重要。本文在剖析数字贸易壁垒发展历程的基础上，深入分析我国数字贸易监管与发达国家的区别以及存在的问题，提出推动我国数字贸易体系构建的对策建议，以促进我国数字经济的高质量发展。

关键词：数字贸易；监管壁垒；限制程度

一、引言

伴随着数字经济的蓬勃发展，数字贸易快速推行。基于经济合作与发展组织（OECD）分析，数据的流动性对各行业的利润推动平均值为10%，对数字行业促进率高达32%。由此在国际贸易中，数据成为交易的关键要素，对于一国的竞争地位产生着深远影响。然而目前国际上还未形成一个统一的政策体系，各国征收数字税的标准、对数据跨境流动的限制等并不相同，发达国家依靠自己先进的科技手段，通过制定有利于本国的政策措施，试图在全球获取更高额的利润、更优的竞争地位。为应对当前贸易交往带来的挑战，不同的国家纷纷采取措施构建数字贸易壁垒，以保护本国的数字贸易。

数字贸易壁垒可分为关税壁垒与非关税壁垒。其中，非关税壁垒包括数据跨境流动限制、投资限制、平台审查、知识产权的侵犯等。与典型的关税壁垒不同，非关税壁垒的表现更为隐秘，往往缺乏全球范围合法的监督。现有的文献在分析数字贸易壁垒的特征中，忽视了我国数字贸易壁垒的手段以及发展现状，针对我国的数字贸易壁垒，并未与发达国家进行比较。因此，探究数字贸易壁垒的特征手段，以及各国对待数字贸易壁垒的政策差异，对于我国进一步采取有效措施以更自由开放的方式融入全球的数字贸易具有重要意义。

二、数字贸易及其监管壁垒的演进历程分析

（一）数字贸易的发展历程

目前，学术界对数字贸易的发展尚处于探索期，其界定与内涵尚未统一。2013 年，美国国际贸易委员会（USITC）首次定义了数字贸易概念，即通过互联网提供产品和服务的国内商业和国际贸易总称。2015 年，联合国贸易和发展会议认为数字贸易是通过信息网络进行数字化的交付贸易。2020 年，WTO 发布的《关于衡量数字贸易的手册》对数字贸易进行了更严格的界定，认为数字贸易包含数字订购、数字交付、平台支持三类。我国学者蓝庆新（2019）等将数字贸易的发展划分为三个时期，分别是：2013 年之前，数字贸易被认定为是电子商务；2013 年，USITC 进行界定之后数字贸易被定义为无形的产品和服务的贸易；2014 年之后，数字贸易的定义更为宽泛，其中平台等都被划分到数字贸易中。

基于此，数字贸易已从早期的产品或服务贸易深入到利用现代化的信息技术进行服务贸易等领域。

（二）数字贸易监管壁垒的演进历程

美国国际贸易委员会（USITC）在 2013 年提出数字贸易，在 2014 年首次界定数字贸易壁垒，其中包含本土化措施、保护个人隐私、侵犯知识产权、限制市场准入等七项问题。2017 年，美国贸易办公室将数字贸易壁垒进行简化，分为本土化壁垒、技术壁垒、互联网服务壁垒及其他壁垒四类。茅孝军（2020）指出，“数字税”是一种税收的歧视，已成为一种新型的贸易壁垒。Pasadilla 等（2020）同样将数字税考虑在内，认为数字贸易壁垒应该包含数字税在内。王岚（2021）等则认为，能否构成数字贸易壁垒的关键因素是国家出台的政策缘由是不是在保护国家的安全、是不是具备歧视。赵瑾（2021）认为数字贸易壁垒包含关税壁垒、数据的限制以及非关税壁垒。

本文基于已有的文献，认为数字贸易壁垒主要分为数字贸易关税壁垒以及数字贸易非关税壁垒。关税壁垒主要针对的是数字贸易本身，而非关税壁垒是对数据的跨境流动所作的一些限制。就数字贸易关税壁垒，世界贸易组织（WTO）提出成员之间在数字贸易往来中免收关税，但该项条款仅是暂时性的，且各个成员对于该项条款的态度并不相同。欧盟对数字贸易态度更为保守谨慎。自 1998 年起，欧盟对数字贸易的品类免征关税，但征收增值税。因此针对 WTO 的条款，欧盟认同免征关税，但并未对永久免征关税做出表态。美国是数字贸易的大国，对世贸组织免征关税这一主张持支持的态度，认为应该以更加开放的姿态构建全球数字贸易市场。

三、数字贸易壁垒的测量维度与方法

（一）数字贸易壁垒的测量维度

各国数字贸易壁垒的测量维度通常包括非关税形式，主要分为以下三种：数据跨境流动限制、个人信息保护、征收数字税。

1. 数据跨境流动限制

数据作为国际贸易的重要因素，是交易能够形成的基础。数据跨境流动的限制不利于全球贸易的发展，它增加了各国交流的沟通成本，造成信息不对称问题，最终导致本国的企业丧失竞争力。然而采用数据跨境流动限制的意图是为了保护本国的数据安全，因此各国往往会采取措施以限制数据跨境流动。各国限制数据跨境流动所采取的措施各不相同。美国为了维持自身的竞争优势，始终坚持数据的跨境完全自由流动，以期获得领导者的地位。《美墨加协议》明确规定，禁止采取措施限制数据的跨境流动。相比于美国，欧盟对于数据跨境流动的限制采取的措施更加保守，其为了保障各国的数据安全，针对跨境流动采取了诸多本土化的措施。与欧盟相同，巴西、俄罗斯等国同样采用谨慎的态度与措施保护本国的数据安全。我国自 2016 年起就实施“本地储存，出境评估”的制度，安全有效地确保数据的流动。由此可见，各国出于保护本国数据安全的考虑，均采取了不同程度的限制措施，但若为更好地加强全球之间的科技合作，各国应该在保证本国数据安全的前提下，积极促成全球的数据跨境流动。

2. 个人信息保护

伴随着互联网以及信息技术的广泛应用，个人信息同样通过互联网的形式进行跨境传送，个人在网络中浏览的痕迹直接或间接地威胁着国家的安全。经合组织以及亚太经合组织在保护个人信息方面拥有重要的地位，2013 年，经合组织颁发一项指南，明确规定成员国之间注重保护个人信息的规则和制度，以使各国达成共识，并在此基础上促进成员国之间数据的自由流动。相比于信息流出的危害，美国更加注重信息流动带来的经济效益，因此美国在个人信息保护方面的规则制度较为宽松，国家支持个人信息的跨境传输。相反，欧盟更加注重个人信息的保护，对隐私的规章制度更加明确严格。欧盟与美国始终在寻求合作的平衡点，2016 年双方通过《欧美隐私盾牌》协定，用于保障欧盟的个人信息输入美国之后，同样受到严格的保护，但国际上一直质疑美国的行径与目的。与欧盟相同，中国坚持个人信息保护的重要性，始终将保护个人信息和隐私放在首位，2021 年出台《中华人民共和国个人信息保护法》以促进个人信息的合理利用，保障信息的有效流动。

3. 征收数字税

另外一种数字贸易壁垒的手段是征收数字税，数字经济与贸易的发展催生了数字税。由于数据的跨国交易无需当面展开，远距离的传输为跨国公司的避税形成了有利环境。

例如欧盟在 2017 年控诉谷歌公司利用漏洞逃税，要求其缴纳 11.2 亿欧元的税款。为应对利润与税负征收的不匹配，经合组织在 2015 年发表文件，表明当前的税收很难适应快速发展的数字经济。2018 年，欧盟率先推出《关于提供特定数字服务收入征收数字服务税的统一标准》，在欧洲范围内征收“数字税”。欧盟的数字税的征收对象大部分集中于跨国公司，无论该公司是否在本国设立。法国是第一个征收数字税的国家，意大利紧随其后，通过设置法律将数字税的征收合法化。目前，国际上对于数字税的征收尚处于起步状态，形成一个统一的规则仍需进一步的努力。

（二）数字贸易壁垒的测量方法

关于数字贸易壁垒的测量指标，Ferracane（2018）提出综合指标法，基于数字要素的程度，设计出衡量数字贸易的“数字贸易限制指数”（DTRI），该指数可以具体为五个方面：市场准入限制、财政限制、数据限制、机构限制以及贸易限制。但由于该指数只公布 2017 年份且仅适用于数据的跨境流动的限制，不具有全面性，因此大部分学者并不采用这一指标进行衡量。另一种测量指标是由经合组织（OECD）所提出的“数字服务贸易限制指数”（DSTRI），该指数主要从五个方面进行衡量，分别是基础设施与联系、电子交易、知识产权、支付系统以及其他壁垒。DSTRI 是通过二进制法进行计分，完全采用限制性的措施表示为 1，完全开放的措施表示为 0。基于此，本文选取 DSTRI 作为衡量指标，对数字贸易壁垒进行测量。

四、我国及其他国家数字贸易壁垒水平分析

（一）我国数字贸易壁垒水平分析

我国的数字贸易监管起步较晚，但是部分监管指标呈现出日趋严格的态势。如图 1 所示，2016 年，我国对于基础设施、电子交易、支付系统、知识产权及其他壁垒的限制

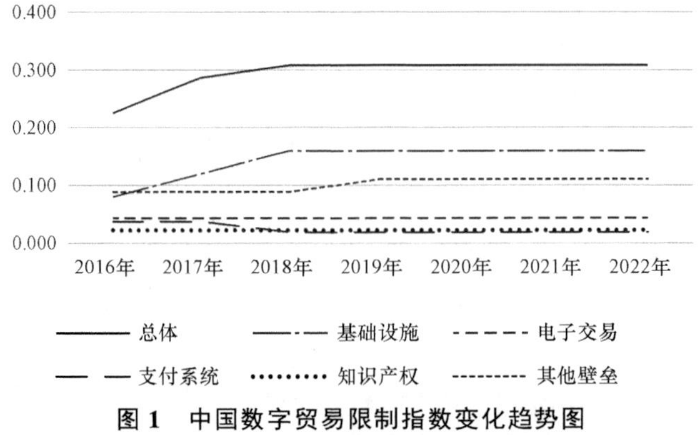

图 1　中国数字贸易限制指数变化趋势图

水平均较低，均未超过 0.2；2017 年和 2018 年我国进一步提高了数字基础设施的监管要求；另外，其他壁垒从 2019 年开始提升了监管标准。与上述两种壁垒形式相比，电子交易、知识产权的限制水平一直没有发生变化，支付系统的壁垒指数甚至从 2018 年开始低于之前的水平。

（二）各国数字贸易壁垒的总体限制水平分析

根据 OECD 数据库，选取来自亚洲、欧洲、非洲、美洲、大洋洲等五大洲 85 个国家 2016—2022 年的数据，以便得出七年的总体变化趋势（见表 1）。

表 1　　2016—2022 年亚洲国家数字贸易限制指数

国家	2016 年	2017 年	2018 年	2019 年	2020 年	2021 年	2022 年
中国	0.225	0.286	0.308	0.308	0.308	0.308	0.308
韩国	0.181	0.181	0.181	0.203	0.203	0.203	0.203
日本	0.043	0.082	0.082	0.082	0.082	0.082	0.082
菲律宾	0.127	0.127	0.127	0.127	0.127	0.127	0.127
越南	0.087	0.087	0.087	0.167	0.146	0.146	0.146
老挝	0.502	0.502	0.480	0.499	0.499	0.499	0.499
柬埔寨	0.444	0.425	0.487	0.405	0.405	0.405	0.405
泰国	0.141	0.141	0.141	0.141	0.141	0.141	0.141
马来西亚	0.127	0.127	0.127	0.127	0.127	0.127	0.127
文莱	0.232	0.232	0.232	0.232	0.232	0.232	0.232
新加坡	0.203	0.203	0.181	0.200	0.200	0.200	0.200
印度	0.283	0.322	0.362	0.362	0.362	0.362	0.362
印度尼西亚	0.307	0.307	0.307	0.307	0.307	0.307	0.307
尼泊尔	0.206	0.187	0.206	0.185	0.163	0.163	0.163
巴基斯坦	0.192	0.192	0.192	0.229	0.290	0.290	0.290
哈萨克斯坦	0.268	0.506	0.568	0.647	0.647	0.647	0.647
沙特阿拉伯	0.224	0.224	0.427	0.427	0.446	0.446	0.446
土耳其	0.181	0.181	0.181	0.242	0.264	0.264	0.264
以色列	0.180	0.180	0.180	0.180	0.180	0.180	0.180

如表 1 所示，亚洲国家的数字贸易壁垒差异较小，但与亚洲其他国家相比，老挝和柬埔寨的数字贸易限制指数较大，这表明两国的数字贸易壁垒较高，且七年间壁垒长期处于亚洲国家的高位。亚洲国家的数字贸易壁垒平均值为 0.255，印度、印度尼西亚、哈萨克斯坦、沙特阿拉伯、土耳其、中国均高于亚洲的平均值，其中哈萨克斯坦的平均值最高，达 0.561。

如表 2 所示，欧洲国家的数字贸易限制指数平均值仅为 0.144，表明相较于亚洲国家，欧洲国家的数字贸易较为开放自由。欧洲各国之间的数字贸易限制指数差额较小，表明各国之间贸易壁垒差异小。表 2 中样本国家七年间数字贸易限制指数变化较小，说明一个国家的政策制定具有稳定性，一经形成不会改变太大。欧洲国家中波斯尼亚和黑塞哥维那的贸易壁垒最高。

表 2　　2016—2022 年欧洲国家数字贸易限制指数

国家	2016 年	2017 年	2018 年	2019 年	2020 年	2021 年	2022 年
奥地利	0.083	0.202	0.202	0.202	0.202	0.202	0.202
比利时	0.140	0.140	0.162	0.162	0.162	0.162	0.162
捷克共和国	0.141	0.141	0.163	0.163	0.163	0.163	0.163
丹麦	0.082	0.082	0.104	0.104	0.104	0.104	0.104
爱沙尼亚	0.061	0.061	0.083	0.083	0.083	0.083	0.083
芬兰	0.079	0.079	0.101	0.101	0.101	0.123	0.123
法国	0.101	0.101	0.123	0.123	0.123	0.123	0.123
德国	0.122	0.122	0.144	0.144	0.144	0.123	0.123
希腊	0.162	0.162	0.184	0.184	0.184	0.184	0.184
匈牙利	0.144	0.144	0.166	0.166	0.166	0.166	0.166
冰岛	0.148	0.267	0.267	0.267	0.267	0.267	0.267
爱尔兰	0.122	0.122	0.144	0.144	0.144	0.144	0.144
意大利	0.104	0.104	0.126	0.126	0.126	0.126	0.126
拉脱维亚	0.082	0.201	0.223	0.223	0.223	0.223	0.223
立陶宛	0.082	0.082	0.104	0.104	0.104	0.104	0.104
卢森堡	0.061	0.061	0.083	0.083	0.083	0.083	0.083
荷兰	0.082	0.082	0.104	0.104	0.104	0.104	0.104
挪威	0.083	0.083	0.061	0.061	0.061	0.061	0.061
波兰	0.281	0.281	0.303	0.303	0.303	0.303	0.303

续表

国家	2016 年	2017 年	2018 年	2019 年	2020 年	2021 年	2022 年
葡萄牙	0.123	0.123	0.145	0.145	0.145	0.145	0.145
斯洛伐克	0.058	0.058	0.080	0.080	0.080	0.080	0.080
斯洛文尼亚	0.040	0.040	0.181	0.181	0.181	0.181	0.181
西班牙	0.101	0.101	0.123	0.123	0.123	0.123	0.123
瑞典	0.122	0.122	0.122	0.122	0.122	0.122	0.122
瑞士	0.061	0.061	0.061	0.061	0.061	0.061	0.061
英国	0.061	0.061	0.061	0.061	0.061	0.061	0.061
阿尔巴尼亚	0.140	0.140	0.101	0.101	0.101	0.101	0.101
波斯尼亚和黑塞哥维那	0.361	0.361	0.361	0.361	0.361	0.361	0.361
科索沃	0.101	0.101	0.101	0.101	0.101	0.101	0.101
黑山	0.101	0.101	0.101	0.101	0.101	0.101	0.101
北马其顿	0.101	0.101	0.101	0.101	0.101	0.101	0.101
俄罗斯联邦	0.321	0.340	0.340	0.359	0.381	0.425	0.508
塞尔维亚	0.181	0.181	0.181	0.181	0.181	0.181	0.181

表 3 是非洲各国的数字贸易限制指数，整体平均水平为 0.277，非洲地区的数字贸易壁垒较高。埃塞俄比亚、卢旺达、塞舌尔、南非、津巴布韦均高于平均值，津巴布韦的平均值高达 0.581，表明非洲国家在数字贸易方面整体水平较落后，壁垒较高，贸易自由度较低。

表 3　　2016—2022 年非洲国家数字贸易限制指数

国家	2016 年	2017 年	2018 年	2019 年	2020 年	2021 年	2022 年
喀麦隆	0.231	0.231	0.229	0.269	0.248	0.248	0.248
埃塞俄比亚	0.542	0.542	0.521	0.243	0.265	0.265	0.265
冈比亚	0.119	0.119	0.079	0.079	0.079	0.079	0.079
肯尼亚	0.167	0.167	0.188	0.268	0.268	0.268	0.268
莱索托	0.209	0.209	0.209	0.209	0.209	0.209	0.209
马达加斯加	0.238	0.238	0.238	0.238	0.238	0.238	0.238
马里	0.140	0.140	0.159	0.159	0.159	0.138	0.138
卢旺达	0.330	0.330	0.330	0.330	0.330	0.330	0.330

续表

国家	2016 年	2017 年	2018 年	2019 年	2020 年	2021 年	2022 年
塞内加尔	0.206	0.206	0.206	0.206	0.206	0.206	0.206
塞舌尔	0.444	0.444	0.444	0.444	0.444	0.444	0.444
南非	0.342	0.342	0.342	0.342	0.342	0.342	0.342
斯威士兰	0.231	0.231	0.166	0.166	0.166	0.387	0.387
乌干达	0.423	0.423	0.423	0.123	0.123	0.123	0.123
赞比亚	0.249	0.205	0.228	0.228	0.228	0.228	0.228
津巴布韦	0.593	0.589	0.589	0.589	0.568	0.568	0.568

如表 4 所示，美洲国家的数字贸易限制指数平均值为 0.166，表明相较于非洲国家，美洲国家的数字贸易较为开放，壁垒更低。美洲各国之间的数字贸易限制指数差额较大，表明各国之间贸易壁垒差异较大。其中南美洲的国家如巴西、秘鲁、哥伦比亚等国数字贸易壁垒较高，而北美洲的国家如加拿大、墨西哥、美国数字贸易壁垒较低，表明北美洲比南美洲具有更开放的数字贸易市场。

表 4　　2016—2022 年美洲国家数字贸易限制指数

国家	2016 年	2017 年	2018 年	2019 年	2020 年	2021 年	2022 年
加拿大	0.021	0.000	0.000	0.000	0.000	0.000	0.000
智利	0.263	0.263	0.263	0.263	0.263	0.263	0.263
哥伦比亚	0.299	0.299	0.299	0.299	0.299	0.299	0.299
哥斯达黎加	0.043	0.043	0.043	0.043	0.043	0.043	0.043
墨西哥	0.079	0.079	0.079	0.079	0.079	0.079	0.079
美国	0.061	0.061	0.061	0.061	0.061	0.061	0.061
阿根廷	0.281	0.281	0.321	0.321	0.340	0.340	0.340
玻利维亚	0.242	0.242	0.242	0.242	0.242	0.242	0.242
巴西	0.245	0.245	0.223	0.223	0.223	0.223	0.223
多米尼加共和国	0.040	0.040	0.040	0.040	0.040	0.040	0.040
厄瓜多尔	0.064	0.043	0.043	0.043	0.043	0.043	0.043
危地马拉	0.105	0.105	0.105	0.105	0.105	0.105	0.105
巴拉圭	0.223	0.223	0.202	0.181	0.181	0.181	0.181
秘鲁	0.242	0.242	0.242	0.242	0.242	0.242	0.242
乌拉圭	0.318	0.318	0.318	0.318	0.318	0.318	0.318

如表 5 所示，大洋洲国家的数字贸易限制指数平均值仅为 0.113，表明大洋洲国家的数字贸易较为开放，壁垒更低。但三个样本国家中，只有澳大利亚的数字贸易限制指数平均值低于 0.113，表明澳大利亚比新西兰和瓦努阿图的贸易壁垒更低，拥有更自由的数字贸易市场。

表 5　　　　2016—2022 年大洋洲国家数字贸易限制指数

国家	2016 年	2017 年	2018 年	2019 年	2020 年	2021 年	2022 年
澳大利亚	0.061	0.061	0.061	0.061	0.061	0.061	0.061
新西兰	0.140	0.140	0.140	0.140	0.140	0.140	0.140
瓦努阿图	0.147	0.147	0.147	0.147	0.126	0.126	0.126

综合所有样本国家，各个国家从 2016 到 2022 年度数字贸易壁垒变化较小，但国与国之间的差异比较明显，尤其是在发展中国家之间数字贸易壁垒的差异较为突出。由于一国的政策制定具有稳定性与长期性，因此各国的数字贸易壁垒年度差异较小，而发展中国家由于并不如发达国家建设完善，出于保护本国资源以及防止数据安全风险的发生，数字贸易壁垒比发达国家更高。2022 年，所有样本国家的数字贸易限制指数平均值为 0.201，发展中国家的平均值比发达国家的平均值高，这表明发展中国家拥有更高的数字贸易壁垒。所有样本国家中，我国的数字贸易限制指数为 0.293，比所有国家平均值 0.201 略高，尚处于平均水平，这表明我国积极参与国际数字贸易，在保护本国的同时能融入全球的贸易发展。

（三）主要国家数字贸易壁垒的分类别规制水平分析

1. 基础设施与连通性

基础设施的建设是国家展开数字贸易的基础，本文选取 11 个代表性的国家，以此研究 2016—2022 年的变化趋势。

如图 2 所示，2016—2022 年间，俄罗斯的基础设施与连通性的壁垒逐年增加。在上述 11 个样本国家中，中国、俄罗斯、印度、巴西、南非这些发展中国家的壁垒均高于平均值 0.088，而美国、澳大利亚、法国、德国、英国、日本这些发达国家的平均值均低于 0.04，日本与英国、法国甚至长期为 0。中国在基础设施和连通性方面相对较高，平均值为 0.142，仅次于俄罗斯，说明在基础设施方面，虽然目前我国已取得了良好的成绩，但依然有进步的空间，需缩小与发达国家的差距。

2. 电子交易

在数字经济加快发展的当下，信息技术日益发达，国与国之间的贸易更多通过电子进行交易。图 3 展示了 11 个样本国家的电子交易壁垒程度。发达国家中美国、澳大利亚、英国、法国、日本均保持稳定状态，相较于其他发达国家，日本和法国的壁垒相对较高。

发展中国家的电子壁垒都比较高，中国、南非、印度、巴西的壁垒均达到 0.042，且高于所有样本国家的平均值 0.032。说明我国虽然已经开放了电子交易的平台，但相关的限制依然比较多，因此我国需要更加注重电子交易的开放度，提高外资进入我国电子领域的自由性和灵活性。

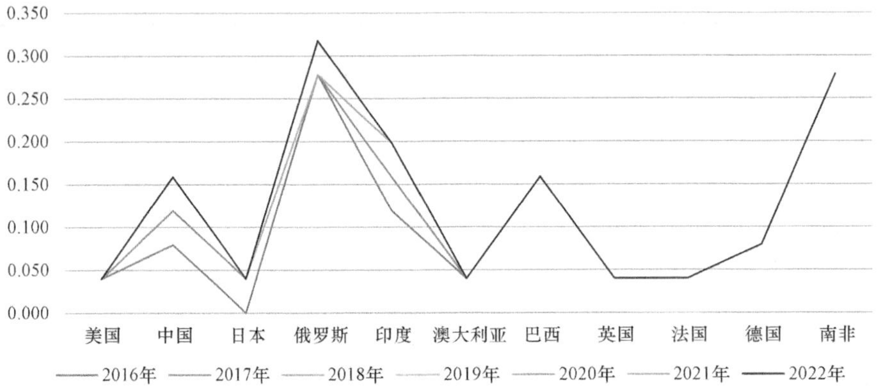

图 2　基础设施与连通性壁垒

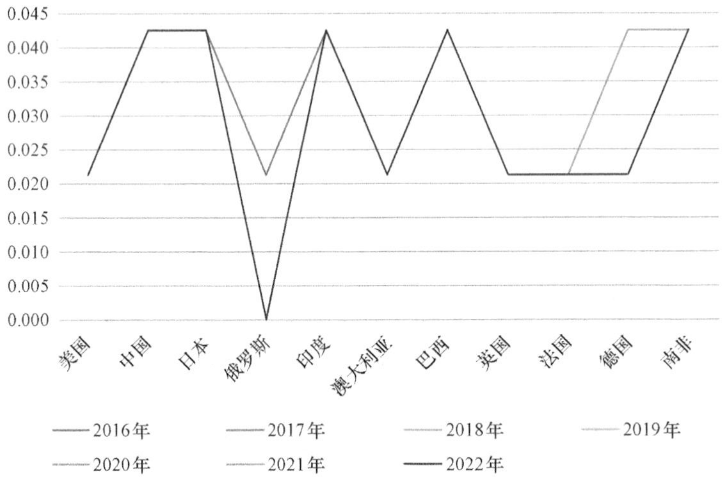

图 3　电子交易壁垒

3. 支付系统

在数字经济时代，电子交易的同时，衍生出数字贸易的支付系统。图 4 为 2016—2022 年间 11 个国家的支付系统产生的壁垒。其中，美国、日本、英国、德国、巴西、南非国家缺乏相关的数据。其他国家相比较而言，印度的支付系统壁垒明显高于中国、俄罗斯与法国，这说明印度的壁垒指数仍然处于高位。我国的贸易壁垒仅高于法国，说明我国的支付系统相对来说比较完善，俄罗斯、印度等发展中国家仍然需要构建属于自己的支付系统，促进本国与全球贸易的畅通无阻。

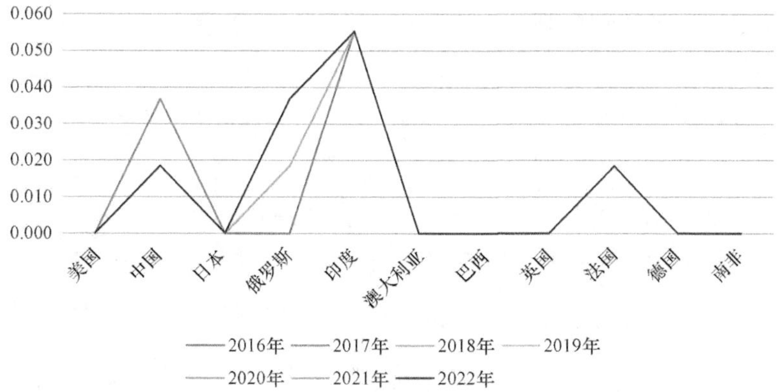

图 4　支付系统壁垒

4. 知识产权

知识产权主要包含有本国的公司以及个人的专利权等诸多权利。如图 5 所示，知识产权壁垒的数据有较多的缺失值，在仅有巴西、南非两个国家的壁垒指数中，均为 0.022，远高于全球 90 个国家知识产权壁垒指数的平均值 0.010，说明巴西和南非应该更加注重知识产权保护，采用一个更加恰当的方式制定保护本国知识产权的制度与政策，在知识产权的保护与国际数字贸易之间寻找一个平衡点。

图 5　知识产权壁垒

注：由于 2016 年至 2022 年间各国知识产权壁垒数据未发生变化，图中仅显示 2022 年的折线，其余年份的折线与之完全重叠。

5. 其他贸易壁垒

除基础设施与连通壁垒、知识产权壁垒、电子交易壁垒以及支付系统壁垒之外，还存在其他因素阻碍一个国家的数字贸易发展，比如一个国家缺乏对信息技术使用的监管系统，对于外国进入、使用、下载本国的网络限制等。这些因素都来自于不同的渠道，但都会对数字贸易的往来造成不利的影响。如图 6 所示，2016—2022 年 11 个国家在其他领域的贸易壁垒千差万别。我国的壁垒最高，平均值高达 0.085，远高于其他 10 个国家，且远高于全球所有样本国家的均值 0.039。各发达国家的贸易壁垒相对较低，说明发达国家在其他各种领域中制度完善。我国应该更加努力地从各方面放开政策的约束，制定以及实施更为有效合理的规则，尽快融入全球数字贸易中。

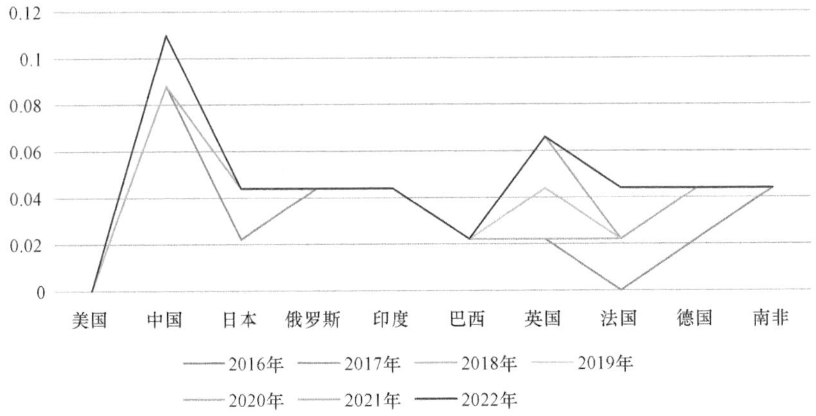

图6 其他贸易壁垒

五、我国减少数字贸易壁垒的对策建议

发展高质量的数字贸易需要与之相适应的高标准监管制度。在分析各国数字贸易限制指数的基础上，我国应该从以下几个方面进行监管制度的完善。

（一）完善数字贸易法律制度，构建数字贸易“中国范式”

1. 完善数据跨境流动的制度规则

加快顶层制度建设，促进要素的自由流动，推动数字贸易市场自由化，尽快出台保护本国个人隐私、知识产权的规章制度，确定数据的权利归属，有效利用数据。完善数据跨境流动的法律法规，建立相对应的体制机制，尽快填补当前的法律空缺，提高本国数字贸易的规范化和制度化。

2. 合理制定贸易壁垒规则，谨防过度保护

在数据的跨境流动方面，逐步放松对于数据流动的危害心理，在适当有效的监管下促进国际数字贸易的发展，为我国获得更大的市场份额、更优的竞争力而努力。在个人信息保护方面，应当完善个人隐私保护的体制机制，在收集个人信息的同时，应该明确利用的目的，尽可能保护个人信息的安全与隐秘。在知识产权、电子交易以及支付系统方面，建立健全监管机制，提高审查的效率，促进数字贸易的顺利开展。对数据进行科学分类，根据不同类型制定不同标准，针对性地展开数字贸易交流。

3. 积极推进信息技术的发展，鼓励市场主体创新

国家应该制定促进信息技术发展的制度，鼓励市场主体积极创新，发展前沿的信息技术，并为市场提供技术平台，促成科技成果的转化。市场中的各个企业，应该积极主动地创新，在支付系统和电子交易方面取得成绩，推动我国从贸易大国转化为贸易强国。

（二）积极参与贸易谈判，建立预警系统

1. 依托 WTO，建立本国数字贸易框架

为应对全球数字贸易壁垒，我国应积极研究国际贸易规则，融入数字贸易市场，建立本国数字贸易自由的框架。另外，我国应合理规划有关数字贸易的政策限制，在自由贸易与数据安全之间寻找平衡。积极与各国共建有利于数字贸易的平台，建立新范式、新框架下的合作关系。

2. 加强区域性的国际谈判，与全球对话

我国应加强与发达国家之间的合作交流，提高创新水平与本国核心竞争力。积极参加多边数字贸易的论坛，学习其他国家关于数字贸易的经验，抓住数字贸易市场机遇。加强区域性和多边双边的谈判，加快谈判进程，促进数据的跨境流动以及个人信息的保护。

3. 注重人才的培养，提高专业化程度

在先进技术方面，我国应加大投入，提供全方位的支持，尤其是人力资本的保障。加强学科建设，培养高素质的人才，为人才的产生提供更全面的平台与环境，鼓励科研院所以及高校的人才向数字技术方面倾斜。对知识产权进行保护，建立健全科研成果的利益分配制度，加强数字竞争优势，提升我国在全球中的影响力。

参考文献

［1］蔡跃洲，马文君. 数据要素对高质量发展影响与数据流动制约［J］. 数量经济技术经济研究，2021，38（03）：64－83.

［2］初天天，郝大江. 数字贸易壁垒会制约企业数字化转型吗？［J］. 经济经纬，2023，40（03）：77－87.

［3］黄明林，周敏. 数字服务税的理论依据及归宿探析［J］. 经济研究参考，2021（21）：98－112.

［4］蓝庆新，窦凯. 美欧日数字贸易的内涵演变、发展趋势及中国策略［J］. 国际贸易，2019，No. 450（06）：48－54.

［5］刘斌，崔楠晨. 数字贸易规则与中国制度型开放：未来向度和现实进路［J］. 中国特色社会主义研究，2022（2）：31－41.

［6］刘典. 全球数字贸易的格局演进、发展趋势与中国应对——基于跨境数据流动规制的视角［J］. 学术论坛，2021，44（01）：95－104.

［7］刘震，潘雨晨，陈志成. 数字服务贸易空间网络嵌入与中国服务业全球价值链地位提升. 现代财经（天津财经大学学报），2023（09）：20－38.

［8］茅孝军. 新型服务贸易壁垒：“数字税”的风险、反思与启示［J］. 国际经贸探

索，2020，36（07）：98－112.

［9］齐俊妍，强华俊. 数字服务贸易限制措施影响服务出口了吗：基于数字化服务行业的实证分析［J］. 世界经济研究，2021（09）：37－52，134－135.

［10］唐青青，吕德胜，王珏. 数字贸易促进出口产品质量升级了吗？［J］. 现代财经（天津财经大学学报），2023，43（08）：64－81.

［11］王岚. 数字贸易壁垒的内涵、测度与国际治理［J］. 国际经贸探索，2021，37（11）：85－100.

［12］张国峰，蒋灵多，刘双双. 数字贸易壁垒是否抑制了出口产品质量升级*［J］. 财贸经济，2022，43（12）：144－160.

［13］Ferracane M F, Kren J, Mare E. Do Data Policy Restrictions Impact the Productivity Performance of Firms and Industries？［J］. RSCAS Working Papers, 2019.

［14］Serafica R B, Albert J. Issues on Digital Trade［J］. Discussion Papers, 2018.

［15］Weber R H. Digital Trade in WTO-Law-Taking Stock and Looking Ahead［J］. Ssrn Electronic Journal, 2010, 5.

促进外贸保稳提质背景下优化税收征纳关系、提升税收征管效能的思考

邓　欢　苏质文　周　芬　蓝　燕

（黄埔海关隶属新沙海关）

摘　要： 本文围绕促进外贸保稳提质背景下优化税收征纳关系、提升税收征管效能的背景和重要意义，深入分析当前海关税收征纳关系和征管效能方面存在的问题和不足，并提出更新理念、夯实基础、促进遵从、内外挖潜等思路和对策。

关键词： 海关；税收征纳关系；征管效能；优化；提升

习近平总书记曾指出"中国将挖掘外贸增长潜力，为推动国际贸易增长、世界经济发展作出积极贡献"。征税作为海关传统的四大职能之一，其对外贸活动的效率和质量有着举足轻重的作用，海关税收征纳关系与征管质量的优劣极大地影响着我国对外贸易的发展。

税收征纳关系是指税务机关与负有纳税义务的自然人、法人或其他组织相互之间因为征税、纳税而发生的各种关系，其中包括在税收征纳过程中所发生的各种管理与被管理、征收与被征收、服务与被服务等关系的总称。海关作为我国进出关境的监督管理机关，担负着征收关税和其他进出口环节税费的职责，本文所述税收征纳关系特指海关在关税等进出口环节税征收的过程中与进出口货物、物品纳税义务人形成的上述各种关系。

本文围绕优化税收征纳关系、提升税收征管效能的重要背景和意义，深入分析当前海关税收征纳关系和征管效能方面存在的问题和不足，并提出更新理念、夯实基础、促进遵从、内外挖潜等思路和对策。

一、优化税收征纳关系提升税收征管效能的背景与意义

海关税收除了直接影响进出口商品的价格、生产和销售外，还深刻影响着国际国内的产业和市场，而海关税收的实现有赖于良好的税收征纳关系和税收征管效能。海关全国通关一体化改革以来推动建立的由海关主导型向企业自律性转变的新型税收征纳关系，一定程度上改善了征纳双方关系和税收征管效能，但制度性、长期性、系统性问题

仍然在一定程度上存在，进一步优化征纳关系和征管效能具有深刻的内涵和意义。

（一）有助于降低企业贸易成本

2022年以来，受疫情冲击和俄乌冲突带来的多重不确定性影响，全球大宗商品价格暴涨，运输物流成本激增，中国外贸面临着更加复杂多变的局势，外贸稳增长面临着新的压力和挑战。国务院从多个方面出台了支持外贸保稳定、促提质的政策措施。笔者认为，降低外贸企业的成本、增加外贸企业的效益是具有实质意义的一项重要措施，而优化税收征纳关系、提升税收征管效能，进而减轻进出口企业的综合税负、降低企业纳税成本，对降低外贸企业成本具有重要的现实意义。

（二）有助于优化口岸营商环境

当前世界经济复苏动力不足，我国外贸面临着更加复杂多变的局势，外贸稳增长面临着新的压力和挑战。减少贸易壁垒、提高通关效率、改善营商环境、促进贸易便利化已成为构建国内国际双循环新发展格局的必然要求，企业企盼海关促进贸易便利的呼声也更加强烈。海关一方面要继续履行传统税收征管职能，确保税收应收尽收，另一方面要尽可能减少通关中的干预，提高通关效率，这些都需要海关重新审视其固有的征税思维方式和管理模式。通过优化税收征纳关系、提升征管效能打造安全通畅高效的口岸营商环境，在维护税收安全与促进贸易便利两者之间保持有机平衡，成为新时代新形势下海关税收征管改革的必然选择。

（三）有助于保障国家税收安全

全国通关一体化改革后海关整体通关效率大大提高，但由于事中干预的显著下降，海关监管的整体威慑力没有得到充分发挥，企业违法成本下降，以恶意逃税为目的的瞒骗风险在局部呈现出高发态势。如何在降低企业纳税成本、便利企业开展对外贸易的同时，有效防范税收征管风险、守牢税收安全底线，保障作为国家财政重要来源的海关税收，为我国经济社会发展保驾护航，在目前形势下具有紧迫的现实意义。

二、新型税收征纳关系构建中存在的问题和挑战

（一）海关征管理念存在偏差

1. 重征税、轻服务

目前海关的征管理念仍然以实现“国库主义”为要旨，征管工作的重心往往以保障税款的及时、足额入库为主；重视对纳税人义务的规定，而对海关的义务和责任规定较少；秉持客观、公平、统一的理念加强关企互动合作还远远不够，主动服务海关改革和

国家经济发展大局的意识还有很大差距。

2. 重审查、轻引导

全国通关一体化改革以后，虽然通关模式发生了巨大变化，但以通关中、后期审查为重点的管理思路没有发生根本性的改变，尚未以提高企业纳税遵从度为目标下大力气采取措施进行源头治理，企业在合规申报方面获得的海关前期引导和支持不足，不但造成海关中、后期审查压力较大，还大幅影响了企业的通关体验，降低了企业的获得感。

3. 重个例、轻整体

现行税收征管仍偏重于以传统的单票货物、单票报关单为审核对象，“以企业为单元”关注企业经营整体性风险的理念不足，商品、企业、行业三位一体的立体风险防控思维还没有深入贯穿于征管工作的全过程。

（二）征纳法律制度有待完善

1. 征纳双方法律地位不对等

《中华人民共和国海关法》（以下简称《海关法》）、《中华人民共和国进出口关税条例》（以下简称《关税条例》）、《中华人民共和国海关进出口货物征税管理办法》（以下简称《征管办法》）、《中华人民共和国海关审定进出口货物完税价格办法》（以下简称《审价办法》）等法律法规和规章制度，都较侧重规定纳税义务人的责任而较少有对海关责任的规定，纳税人权利保护的理念较为欠缺，征纳双方权利义务存在不平衡关系，双方在法律地位上存在不平等现象。如海关在与纳税义务人开展价格、归类等磋商时，往往要求企业提供各类证据自证其申报的准确性，而海关自身掌握的参考信息由于多数属于内部保密信息，现行制度并无明确规定海关应如何与企业交换信息、交换应达到何种程度，海关往往并未向企业充分提供和展示自身掌握的信息，征纳双方并未真正实现平等的磋商和交流，举证责任倒置也有悖于“谁主张谁举证”的现代法治思维。

2. 存在制度性税负失衡

一是审价制度和标准不同①导致的税负不公，进口企业以同一价格向境外同一卖方采购、最终以同一价格销售给同一国内下游企业的货物，如果分别以保税物流内销货物与一般贸易货物的方式进口，海关审价的依据将有所不同，可能需要企业承担不一样的税负；二是货物与物品的税负不公，个人行李邮递物品、普通货物和跨境电商物品的进口税率均不相同，“货物－物品”的二元税负模式不能为市场提供公平、统一的环境；三是减免税领域存在税负不公的隐患，法定减免税和特定减免税均在一定程度上存在立法层级的下移，立法程序和决策机制的缺漏也带来实际税负的不公平。

① 分别依据《中华人民共和国海关审定内销保税货物完税价格办法》（海关总署第 211 号令）和《中华人民共和国海关审定进出口货物完税价格办法》（海关总署第 213 号令）开展审价。

3. 征纳制度设计过于繁琐复杂

纳税义务人要实现守法自律，必须达到海关对价格、归类、原产地、规范申报等方面的诸多合规要求。纳税义务人要实现真实、准确、完整的申报，除要了解《海关法》《关税条例》《原产地条例》等原则性法律、行政法规规定外，还要熟悉掌握《审价办法》《征管办法》《中华人民共和国进出口货物商品归类管理规定》《中华人民共和国进出口税则》（以下简称《税则》）《中华人民共和国进出口货物原产地管理办法》《中华人民共和国进出口货物申报管理规定》《中华人民共和国进出口货物报关单填制规范》《中华人民共和国进出口商品规范申报目录》等十数种部门规章和规范性文件，作为征收方的海关，其内部规范性文件更是多如牛毛，纷繁复杂的征纳规章制度让纳税义务人在实践中实现守法自律的成本高企，同时也让海关实现税款征收的行政成本居高不下。

4. 部分制度细化不够可操作性不强

《关税条例》规定："进出口货物放行后，海关发现少征或者漏征税款的，应当自缴纳税款或者货物放行之日起 1 年内，向纳税义务人补征税款。但因纳税义务人违反规定造成少征或者漏征税款的，海关可以自缴纳税款或者货物放行之日起 3 年内追征税款。"其中纳税义务人违反规定的具体情形和违规认定的责任部门并无明确规定，造成目前全国海关对相同或类似应补税情形的补征、追征尺度并不统一。

（三）纳税义务人主动遵从不足

纳税义务人主动遵从是指纳税人从感性出发，对税收制度和服务较为满意、认可而产生的主动性遵从行为，纳税义务人主动遵从不足的原因，可以从征纳流程设计、海关提供的纳税服务、激励惩戒机制等方面进行分析。

1. 税收征管流程亟待优化完善

一是申报流程与国际贸易实务不完全匹配。如现行的补充申报规定，除了海关在进行审核时要求企业补充申报或企业递交纸质报关单时，企业才有机会进行补充申报，除此之外企业没有其他主动申报的系统途径；转让定价交易目前既没有明确完整的前期申报备案制度，也没有便捷的后续价格补充申报流程。二是缺乏完善的信息系统支撑。现有的海关通关作业系统和企业申报系统，没有转让定价、无成交价格备案模块或栏目；暂定价格货物最终确定价格后，企业也没有主动申报的系统路径，只能通过提起报关单修改申请来完成价格调整的申报；特许权使用费、协助费用等非贸支付费用申报也没有与原报关单关联的系统入口可供企业完成补充申报。

2. 海关税收征管服务不到位

海关在引导企业用好海关征管改革措施，足额享受优惠原产地政策、税收优惠政策、提供归类指导、价格预裁定等专业纳税服务方面未能下足功夫，如当前价格预裁定仅针对进口货物完税价格相关要素和估价方法开展定性认定，不作定量分析且实现方式较为单一；当前纳税方式多样性、税收担保推广不足等问题依然存在，往往都是少数大型企业在享受主要的纳税便利，未能惠及大量的小微企业。由于海关审价制度与税务机关关于转移定价管理制度的协调不足[①]，一方面有可能导致企业税负增加或是国家整体税收流失；另一方面由于海关与税务机关对转让定价管理目的相反，造成企业达到同时合规存在困难，甚至容易产生违规风险，跨国公司投资信心受到影响。

3. 代理人管理制度较为薄弱

代理人权利义务规定不够明确，如“两简案件”中违规责任认定、处罚内容大多只针对报关单收发货人，作为代理人的申报单位往往无需对申报过程中存在的违规违法行为承担相应责任，其合理审查义务往往没有认真履行；报关员资格考试取消后，由于不再需要准入资格，同时报关员扣分制度也已取消，报关人员的业务素养良莠不齐，海关也难以对其进行刚性约束，代理人居中进行寻租的风险也相应增大，纳税义务人实现主动遵从的成本客观上大大增加。

4. 纳税义务人权益保障不足

纳税义务人的可预期性不稳定，如除了归类决定、裁定、预裁定以外，海关日常归类审核之效力问题缺乏规定，即使纳税义务人正常办理完毕所有海关业务，且无论怎样尽到合理注意义务，其申报的税号对错与否均处在不确定状态，事后税管局、现场验估部门、稽查部门等都有可能再次进行审核并补征税款，甚至进行移交处罚，纳税义务人的信赖利益难以得到保障；纳税人权利救济制度供给不足，关于纳税义务人的权利救济，《关税条例》仅在“附则”第64条规定了纳税人可对特定情形提出复议和诉讼，但同时规定了须按规定缴纳税款和行政复议后方可诉讼的规则，很大程度上削弱了纳税能力不足当事人的救济权。

（四）税收征管效能有待提升

1. 征管流程不够高效畅通

税则税目设置复杂、归类疑难较多，疑难认定耗时耗力造成通关瓶颈；审价效率低，估价技术类规范指引减少，部分估价技术性问题的执行标准不一[②]；属地、口岸海关之间互认机制缺失导致重复作业、“神仙打架”，查异系统改单判为影响统计的“两简案件”，全国通关一体化模式下的报关单经常陷入属地与口岸沟通不畅、流程繁琐、处置耗时的困境；涉及双反商品的原产地判定复杂耗时，企业宁愿“违报”原产地为“国别不详”，通过多支付特别关税来提高通关效率。

---

① 海关与税务机关对于转让定价问题的审核方向是相反的。海关要防控跨国公司进口货物低报价格，以确保税款应收尽收；而税务要防范跨国公司进口货物高报价格、转移利润，以确保应税利润处于合理水平。商界普遍认为两个管理机关的要求无法协调，在一定程度上增加了跨国公司的合规成本，加大了其税负的不确定性，甚至带来违规风险。

② 如关税条线与稽查条线在特许权使用费等一些估价技术问题的执行标准不统一。

2. 新科技新手段应用不力

职能部门条块分割现象仍较为明显，风险和情报信息的收集、交流、应用等机制有待进一步完善；征管参考信息的采集应用效果欠佳，如海关价格资料的主要来源单一滞后，缺乏外部的信息数据共享长效机制，也缺乏内部的科学筛选机制和程序，对海关估价工作的支撑作用有待进一步提升；对新技术手段的运用有待加强，仍停留于通过人工对超大量的内部系统底层数据进行清洗、整理和分析，过分依赖人工操作和经验审核，大数据建模自动分析比对等新技术手段有待全面提升。

3. 税收风险防控效能不足

现有税收风险防控手段与新发展格局下的商业、金融、物流模式不相适应，传统的价格水平、同名异归类、口岸异动等分析模型难以有效防控企业经营风险等原因导致的新型税收流失；征管风险信息收集与风险参数制定、关税技术支持、税收风险监控等工作存在脱节现象；在全国层面统筹监控行业性风险、指导直属海关排查处置税收风险的上下联动监控机制未能得到充分的传承和发扬①；风险管控能力与申报模式改革推进存在不同步，如按照“两步申报”“两段准入”的总体设计，确定价格和归类真实性等涉税要素在完整申报阶段才需企业提供，不法企业可在概要申报货物提离后，在完整申报阶段伪报、瞒报上述涉税要素，从目前情况来看海关尚未对此风险拥有行之有效的防控能力。

4. 税收征管协同共治效果不佳

当前海关属地纳税人管理制度更多侧重于税收预测、征管服务，较少关注税收征管风险管理问题；属地海关对异地报关单缺乏管辖权，属地与口岸海关存在相互掣肘现象；海关与外部、直属海关与隶属海关、关税部门与其他业务部门的多维协同防控机制缺失，在运用大数据、云计算等新技术开展联合分析、研判较少，风险防控合力尚未建立机制、形成规模。

三、优化税收征纳关系提升税收征管效能的思路与对策

（一）理念升级——更新征纳观念和手段

1. 立足促进外贸稳增长，服务大局实现保稳提质

在复杂多变的国际国内新形势下，海关税收征管务必改变以往重审核、重补税的“国库主义”单一导向，逐步树立服务大局、便利企业、顺势监管、合作共赢的“纳税人主义”理念，努力实现征纳双方权利义务对等，通过强化关企互动、关企合作，在国家双循环新格局中实现海关征税服务国家经济发展大局，确保海关税收征纳能够与促进外贸

① 原“一办五处”价格管理职能。

稳增长、保稳提质的国家政策同向发力。

2. 重视对企业的合规引导，不断提升纳税服务水平

树立“重引导、强服务”的税收征管理念，通过强化合规申报的前期引导，优化对纳税义务人的税收征管服务，为纳税义务人主动遵从提供充足条件，切实提升纳税义务人的合规意愿和合规水平，缓解海关事中干预、事后审查的征管压力，同时不断提升企业的纳税体验和获得感。

3. 强化“由企及物”理念，不断创新纳税人属地管理措施

要进一步强化“由企及物”的理念，建立以企业为单元的全过程征管机制，扩大认证企业范围、丰富便利措施和惩戒手段，引导纳税义务人主动增强自律和自管的意识；充分引入外部多维信息，在此基础上建立商品、企业、行业三位一体的立体风险防控体系。

（二）夯实基础——优化完善征纳制度保障

1. 平衡征纳双方法律地位

以《海关法》《审价办法》的修订和《关税法》的出台为契机，一方面推动税收法定原则的有效落地，在相关税收政策的制定和执行中，更多地将纳税人当作主权者来尊重和服务，通过更多地吸收纳税义务人的意见，引导社会将关注的重点集中在制度本身的科学性、合理性，以解决问题的务实态度来提高公众对税收立法的认可，推进和谐征纳关系的构建；另一方面完善现代关税制度，遵循权利与义务相统一原则，推进关税治理的现代化和法治化，系统构建关税纳税人的法律责任，完善目前对部分违法行为法律责任规定的空白之处和存在较大争议之处，依行为性质之轻重区分纳税人及其他第三方各自违法行为的法律责任，建立完善海关作为征税人的法律责任体系，针对导致国家、纳税人或其他相关主体损失的征税行政行为，构建起完善的关税执法问责体系。

2. 保障制度性税负公平

以 211 号令和 213 号令的融合为契机，加快推进《审价办法》修订，增强海关审价法规与国际估价规则的吻合度、与改革的匹配度和可操作性，避免审价制度不一带来的税负不公；除对部分行邮物品予以特别对待外，不再严格区分货物和物品，建立统一的货物征税模式；将法定减免税纳入《关税法》范畴并细化减税、免税规定，以提升适用的明确性，同时严格限定特定减免税的范围、期限和设立审批流程，严格规定公开调研、专家论证、风险评估、合法性审查等决策机制；探索建立海关与税务机关关于转让定价的协同管理机制，通过海关价格预裁定与税务预约定价的制度协同，推广开展海关、税务和企业关于转让定价的三方预约定价。

3. 优化征纳规章制度设计

建立健全与 “全通模式”“关检融合”“两步申报”等改革相协调的征纳制度体系，及时梳理、清理税收征管领域的大量法律、部门规章与规范性文件，理顺其中标准不一、

难以执行、长期争议、自相矛盾的问题，简化纳税义务人合规申报要求、减轻其合规申报压力；针对纳税义务人归类申报成本较大的问题，加大对《税则》的改革力度，通过优化税制结构、精简关税税目、减少关税税级，提高贸易便利性和执法统一性；细化海关补征、追征税款的适用情形，明确违规行为认定的责任部门，统一全国海关的补征、追征尺度。

（三）促进遵从——推动纳税义务人守法自律

1. 加强合规引导和服务

建立涵盖通关作业全链条的申报模式，扩展通关前备案申报范围，完善通关后的后续申报制度，优化申报信息系统，拓宽纳税义务人两次申报、多次申报的路径；关注企业税收合规状况和引导需求，丰富预裁定种类、内容和形式，解决企业合规申报疑难问题，提高企业自主申报合规水平；探索搭建关企互动平台，畅通关企对话、合作渠道，找准纳税义务人真实需求、拓展服务企业边界。

2. 推动代理人压力传导

合理区分纳税人与申报代理人之间各自违法行为的法律责任，明确申报代理人“合理审查”义务的具体内容，建立未尽合理审查义务的惩戒制度；重新建立代理人管理制度，强化对代理人合理审查、合规申报的技能考核，整合优化现有报关单查验率、申报差错率、删改单率等监管类和价格水平、规范申报率等税收类指标，参照企业信用等级管理制度及 AEO 认证制度，出台合理、细化的代理人等级管理制度；探索建立代理人“灰名单”和退出机制，形成从代理人到纳税义务人的反向压力传导，倒逼提升纳税义务人主动遵从的意愿和动力。

3. 完善纳税义务人权益保障

建立遵循归类先例制度，只要纳税义务人在申报时已尽到合理审查义务，其遵循先例进行归类申报的行为不再受到质疑和更改的要求；明确海关日常归类审核的法律效力，通过设定疑义提出合理时限制度，对超出时限外的归类活动不再提出质疑和纠正要求，保护纳税义务人合理的信赖利益；完善纳税义务人权利救济制度，在复议和诉讼环节引入关税担保制度，允许当事人通过保证金、保函和保证保险等形式暂缓缴纳税款，保障纳税能力不足当事人的救济权。

（四）内外挖潜——多管齐下提升征管效能

1. 疏通征管堵点痛点难点

重新审视当前价格、归类、原产地等涉税要素的审核流程，针对其中耗时耗力、繁琐复杂的瓶颈节点进行流程再造，解决执行标准不一的技术性问题，统一全国海关征管执法尺度；构建全国范围内作业互通、执法互认、纠错互助机制，解决关检融合、全通改革、两步申报改革后仍存在的口岸间处置不畅的问题；应用大数据等新科技新手段，打破海关部门之间、海关与外部门间的数据割据格局，建立内外部信息数据融合、共享和交流机制，为海关税收征管提供价格信息、归类信息等方面强有力的综合科技支撑。

2. 织密税收风险防控网络

一是打造横向联动防控网络，以科技创新为引领，通过建立不同部门统一使用的税收风险智慧防控系统，将以往各自为政的风险信息收集与参数制定、关税技术支持、税收风险监控等环节紧密连接起来，通过系统智慧后台这一"无形的手"，让链条上以往难以同步协作的多个业务部门自动实现联动协作；二是打造纵向联动防控网络，融合税管局在行业性风险与现场海关在口岸税收风险方面各自的监控处置经验，建立两者间风险定期动态交流机制，形成"脑手协调""上下联动"的优势互补闭合回路；三是打造与改革推进同步的风险防控网络，对"两步申报"模式的企业报关单，通过打造"嵌入式"智能比对系统模块，引入与原有模式相同类似商品历史大数据的实时比对监控，形成行之有效的风险预警机制。

3. 打造税收征管协同合力

一是探索建立"纳税人口属共管"制度。在属地纳税人管理基础上融合口岸纳税人管理，将属地海关在监控企业纳税基础、纳税配合、异动情况、税收合规、欠税滞纳、财务状况等方面的优势，与口岸海关在审核、监控企业报关单税收征管要素方面的优势结合起来，解决属地与口岸海关相互掣肘现象，形成属地与口岸海关共管合力。二是凝聚海关内部不同部门间的协同合力。充分融合风险防控部门大数据优势、稽核查部门实地监管优势、缉私部门情报经营优势，开展跨部门税收风险信息交流，实行"信息交换+集中研判"双向互动，将关税部门"懂商品、懂技术"的优势与上述其他部门"有科技、有数据、有情报、有手段"的优势结合起来，凝聚海关内部税收风险防控合力。三是打通海关与外部的信息共享渠道。通过共享外汇管理、税务、工商、银行等部门的多方信息，开展风险信息的交叉印证，结合海关内部风险信息聚焦企业风险要点精准"画像"。

参考文献

［1］习近平. 2022年世界经济论坛视频会议讲话，2022年1月.

［2］习近平. 第三届中国国际进口博览会开幕式讲话，2020年11月.

［3］海关总署. 海关总署关于印发全国通关一体化改革"两中心三制度"实施方案的通知［Z］. 署改发〔2017〕95号. 2017-05-17.

［4］海关估价职能重构及优化课题组. 试论估价职能的重构及优化——关于全面深化业务改革2020框架下海关估价工作的思考［Z］.

［5］杭州海关关税处课题组. 海关税收遵从理论应用及实务研究［J］. 海关与经贸

研究，2020（2）.

［6］施正文. 当前关税法立法若干重要问题探讨［J］. 政法论从，2022（2）.

［7］俞悦，严德龙，李晶. 相对人在商品归类活动中之信赖利益保护机制探索［J］. 海关法评论，2021（0）.

［8］毕海军，李晶马，晓伟. 创新属地纳税人管理的思考与实践［J］. 海关与经贸研究，2019（6）.

海关监管

进出境货物与物品二元制划分法的探讨及建议

徐　伟　冯心怡

（对外经济贸易大学）

摘　要：进出境物品是海关进出境活动监管中的重要对象。近年来，随着国际贸易的发展和新的贸易业态的产生，传统的货物与物品的边界趋于模糊。本文旨在厘清海关对进出境物品管理的基本逻辑和现状，并且在剖析现阶段问题的基础上，探讨了进出境货物与物品二元制划分在现阶段的必要性和积极意义，并在此基础上提出了相应的立法建议。

关键词：海关；进出境货物；进出境物品；分类

海关是国家进出境管理机关，作为边境管理的重要部门，传统上海关对进出境活动的管理主要是以商品为核心的管理[①]，辅之以对相关企业、人员和运输工具的管理。而对于进出境商品的监管，近现代海关随着管理理念和管理制度的逐步构建与完善，形成了把商品划分为“货物”和“物品”两类的二元制的划分法，并相应适用不同的政策待遇和管理制度。但是随着当代国际贸易的飞速发展、国际交流活动的愈加频繁，同时国际贸易实践中不断涌现的包括跨境电商在内的新业态，也呈现出更多的碎片化特征，使得传统的货物与物品的边界趋于模糊，无论在管理制度上，还是在实践层面，对海关都提出了巨大的挑战。因此，有必要对进出境货物与物品的概念及分类问题进行厘清，以便规范物品进出境的海关管理制度。

一、海关对进出境物品的定义

在我国，进出境物品一般包括进出境旅客携带的行李物品、邮政渠道进出境的邮递物品以及其他非贸易性物品。我国海关法一般是根据商品进出境的目的对其进行划分，具有贸易性特征的商品称为货物，具有非贸易性特征的商品称为物品。所谓进出境活动

① 2018年，中国海关与检验检疫部门合并，之后中国海关具备了对进出境人员的国境卫生检疫的管理职责。

中的贸易性，是指进出境行为以交易盈利为目的[①]，而非贸易性则通常是满足自用或者非营利性目的。

我国《海关法》第 46 条中规定：“个人携带进出境的行李物品、邮寄进出境的物品，应当以自用、合理数量为限，并接受海关监管。”

同时，我国海关在《进出口关税条例》中对进境物品进行了进一步的规范。其中第 57 条规定：“海关总署规定数额以内的个人自用进境物品，免征进口税。超过海关总署规定数额但仍在合理数量以内的个人自用进境物品，由进境物品的纳税义务人在进境物品放行前按照规定缴纳进口税。超过合理、自用数量的进境物品应当按照进口货物依法办理相关手续。国务院关税税则委员会规定按货物征税的进境物品，按照本条例第二章至第四章的规定征收关税。”第 58 条规定：“进境物品的纳税义务人是指，携带物品进境的入境人员、进境邮递物品的收件人以及以其他方式进口物品的收件人。”可以看到我国海关规范和管理的进出境物品的范围包括按照自用合理数量管理的行邮物品和其他的进出境物品。此外，我国《海关行政处罚实施条例》第 64 条也对物品及相关概念做了界定，其中规定“物品”指个人以运输、携带等方式进出境的行李物品、邮寄进出境的物品，包括货币、金银等，超出自用、合理数量的，视为货物。同时，该条例对“自用、合理数量”也做了界定，其中“自用”是指旅客或者收件人本人自用、馈赠亲友而非为出售或者出租，“合理数量”则是指海关根据旅客或者收件人的情况、旅行目的和居留时间所确定的正常数量。

其他进出境物品涉及的范围比较广，可以包括进出境快件、拖带物品、运输工具和服务人员自用物品、进出境驻华使馆公务用品、驻华使馆人员自用物品等等。对此，我国《海关法》中没有做出系统性的规定，而是在不同的行政法规与规章中做出了解释。例如，《中华人民共和国海关关于外国驻中国使馆和使馆人员进出境物品的规定》第二条中规定：“公务用品”系指使馆执行职务直接需用的物品，包括家具、陈设品、办公用品、招待用品和机动车辆等；“自用物品”系指使馆人员和与其共同生活的配偶及未成年子女在中国居留期间直接需用的生活用品，包括家具、家用电器和机动车辆等。在这里可以看到，作为一类特殊性的进出境非贸易性商品，驻华使馆相关的这两类物品的管理原则是以“直接需用”为标准，至少没有合理数量审查的要求。

在国际上，也有着对于进出境活动中非贸易性商品与贸易性商品进行分类管理的传统和实践。2006 年修订的《京都公约》专项附约九第一章中对行李物品的定义是：“指考虑到旅途中的所有情况，旅客在旅途中合理自用的一切（新的或使用过的）物品，不包括为商业目的而进出口的货物。”[②]而在专项附约九第二章中对于邮递物品的定义是：

---

① 贸易：以钱财物资相交易。《史记·货殖列传》：“以物相贸易，腐败而食之货勿留，无敢居贵。”后通指商业，亦指商品买卖的行为（《辞海》第七版）。

② “Personal effects” means all articles (new or used) which a traveller may reasonably require for his or her personal use during the journey, taking into account all the circumstances of the journey, but excluding any goods imported or exported for commercial purposes (***RKC***, Specific Annex J, Chapter 1).

"现行的《万国邮政联盟法》所述的由邮政部门传递或为邮政部门传递的邮递信函和包裹。"

在欧洲，欧盟海关法体系中也对进出境物品进行了类似的定义，虽然用了其他的名词（非商业性质的货物）来作替代性的表述。《欧盟海关法授权条例》中的定义如下："非商业性质的货物（goods of a non-commercial nature）"[①]指：

（a）一个私人个人向另一个私人个人发送的邮寄货物中包含的货物，如果该邮寄货物：（i）属于偶然性质；（ii）含有仅供收货人或其家属个人使用的货物，且其性质或数量不反映任何商业利益；以及（iii）由寄件人免费寄给收件人的任何种类的款项；

（b）旅客个人行李中的货物，如：（i）属于偶然性质；和（ii）只包括旅客或其家人个人使用的货物，或打算作为礼物的货物；该等货物的性质及数量不得显示为商业原因而进口或出口。

毫无疑问，无论是这里的邮递渠道进出境或者行李渠道进出境的商品，都符合传统上海关行邮物品的范畴。

美国《海关法》中，对于与个人进出境活动相关的物品通关主要在《联邦法规》第19篇"关税法"第一章中的第145条"邮件进口（Mail Importations）"和第148条"个人申报与豁免（Personal Declarations and Exemptions）"进行规范。对于"行李物品"，虽然148条中没有做出专门的定义，但是从该章规范的范畴来看，也是符合传统的行李物品范畴的。如在《美国联邦法规汇编》（CFR）148条0款[②]"范围（Scope）"中规定："本部分规定了特定人群的免税额，包括入境（美国）的居民和非居民，从事国际运输的航空公司的机组人员，军人和民用雇员，特定的难民，以及外国政府和国际机构的专门人员。此外，还规定了有关携带出境的物品的登记、申报及入境、行李检查、税费征收的相关程序和要求。"而在《美国联邦法规汇编》（CFR）第145条中，对"邮递物品"则做出了相应的定义。第145条第1款（a）项"邮递物品"中规定："'邮递物品（mail article）'是指经海关检查以邮递方式传送的任何邮递包裹、邮包、包裹、信封、信件、航空邮简、盒子、卡片或类似物品或容器，或其中的任何内容。"这样的定义，则是标准的邮递物品的定义。

综上所述，可以看到，尽管很多国家的海关法中没有明确进行货物与物品的划分，但是在立法与管理实践中，都把与个人活动密切相关的非贸易性商品与贸易活动密切相关的贸易型商品进行了区别管理。在这里，可以关注到的是，尽管具体规定有一些出入，世界海关组织（WCO）和各国海关对于进出境物品管理的基本逻辑是一致的，即以非贸易性（即非盈利）为基础的判断标准，而且以此为标准在立法中都有着明确的对非贸易

① COMMISSION DELEGATED REGULATION (EU) 2015/2446, TITLE I GENERAL PROVISIONS, CHAPTER 1 Scope of the customs legislation, mission of customs and definitions, Article 1 Definitions.

② CFR，Code of Federal Regulations，美国联邦法规汇编。第148条详见：https://www.ecfr.gov/current/title-19/chapter-I/part-148.

性物品的界定和区分。

从适用的管理原则来看，“自用”“合理数量”是常见的对物品的判断标准，而这两个标准是“非贸易性”这一根本价值判断标准的延伸。在这里，“自用”是从定性的角度阐释了非贸易性的内涵，而“合理数量”则是从定量的角度，通常结合进出境当事人的身份和进出境活动性质，确定相应的进出境物品的数量不足以构成商业性交易的合理数量，但这一点随商品会有很大差异，而且在当前贸易碎片化的背景下更难以判断。另一方面，“合理数量”并不等同于“非贸易性”，不应成为规范进出境物品管理在数量方面的唯一原则，而且从我国的实践来看，“合理数量”原则也不是适用于所有的进出境物品。

同时，我们看到，欧盟海关法中对物品界定时强调的“非贸易性”特征适用的偶发性（occasional nature）也很有借鉴价值，而且这一标准在实践中是可以具有很强的可操作性的，海关可以通过对特定人员及相关物品进出境频率的识别来提供“贸易性”与否的判断依据。

二、当前二元制货物与物品划分的问题与困境

进出境商品人为地划分为“货物”和“物品”的二元制划分法，虽然经过常年的实践，已经为大多数海关官员和进出境活动的参与者所接受与习惯，但是近年来随着经贸和文化交流活动的发展，这种二分法的管理模式也遇到了不少问题。

首先，“货物”与“物品”的边界越来越模糊。

传统的贸易行为多数通过货物渠道进出口，只有少量的货物会通过行邮渠道进出境，即便有“化整为零”的走私活动，也因为参与者有限，并未对正常的货物进出口造成冲击。但是随着跨境电商的迅猛增长，大量跨境电商的商品夹杂在行邮渠道进出境，从而导致海关在对行邮渠道进出境活动进行管理时对相关商品的“贸易性”和“非贸易性”的属性判断面临日趋复杂的环境。

同时，从商品来说，大多数商品本身不具有“贸易性”或者“非贸易性”，进出境性质的判断要依托其进出境行为和目的。而随着交通和通讯的便利化，进出境活动本身也变得复杂化，“单纯”的进出境活动在减少，“复杂”的（或多重目的的）进出境活动在增加。海关对货物与物品属性的判断更多地只能依托于进出境物品所有人的申报。

其次，二分法的做法，在实践中给海关管理带来很多困扰。

一是，在税收领域，造成了同一件商品在贸易渠道作为货物和非贸易渠道作为物品征税存在差别，客观上造成了税负的不公平。

二是，海关在执法方面面临着自由裁量权过大的困境。“自用合理数量”是规范行邮物品管理的主要原则，但是这一标准缺乏客观的尺度，具有较大的主观性，从而对于现场的海关执法则是一把双刃剑，既给海关自身执法带来执行的困难，也给社会公众造成了执法随意性较大的不良印象。

三是，二分法的做法，在行邮管理领域造成了管理体制上的混乱，容易产生相关的走私行为。

虽然在近年来我国海关在行邮税政策方面做了多次调整，很大程度上解决了“货物”与“物品”在税率适用上的过大差异的问题，但是差异的客观存在，依旧会对走私分子产生巨大的吸引力，同时行邮渠道的管理制度无论从申报程序还是后续管理角度来看，均未能形成如进出口货物监管的严密体系，从而源源不断地诱发行邮渠道的走私活动。

三、关于货物与物品二元化划分的再认识

在当代跨境活动愈加复杂化和碎片化的背景下，有着越来越多的呼声要求取消货物与物品的二元制划分，实行统一管理。**在这种背景下，笔者仍然坚持认为，二元制划分法符合当代海关进出境管理的基本逻辑，也有利于海关边境管理职能的有效实现。**

首先，货物与物品进出境活动的目的与性质存在根本性的差异。“货物”的贸易性属性与“物品”的非贸易性属性二者在实践中虽然边界日渐模糊，在不同国家海关的管理上也有部分国家有意趋同，但是二者管理属性上的差异很难磨灭。海关设立“物品”这一分类的目的就是有意识地对不同属性的商品进出境行为进行规范和区别对待。物品进出境活动多数具有零星、偶发的特征，只要在边境上的旅客或者收寄件人的商品不具备明显的贸易性，则不应该认为该商品本身具有贸易属性。

海关对进出口货物的管理主要是为了配合国家宏观经济政策的实施和重要商品的进出境禁限管理措施。而海关对物品的管理是为了满足不以贸易盈利为目的的进出境活动的需求。从传统的角度看，海关对进出境物品的管理是具备从属属性的①，即从属于进出口货物的管理，只是区分于进出口货物渠道以外的其他“物”进出境的管理。但是随着当代社会交通和通讯的发展，进出境人员的交流活动愈加频繁，而进出境人员及其密切联系的“物品”的流动也凸显出其在边境管理中的重要性。进出境物品的监管，除了经济属性以外，在公共卫生安全、对外文化交流、旅游探亲等方面的社会属性也应该得到足够的重视，而这些社会属性恰恰不能够以经济标准来衡量。

跨境电商等新业态的出现，没有改变旅客进出境活动的性质，只是增加了旅客进出境活动的复杂性。同时，包括驻华机构、外交人员、特定类型的长期驻外人员、进出境船舶人员等的相关物品的管理政策也没有根本的改变。因此，对这些类型的物品的管理，应该依旧按照“非贸易”属性实施不同的管理措施。比较特殊的一个领域是邮递物品，跨境电商的碎片化特征的确给海关对邮递物品及快件进出境管理的秩序造成了极大的冲击，因此对于邮递渠道进出境以及快件渠道进出境物品的管理可以考虑实施与其他物品

① 我国《“十四五”海关发展规划》“（七）加强进出境环节实货监管”中提到：“推进行李物品、免税品、邮递物品监管智能化、规范化建设，提升通关体验。”其他地方提到“物品”均是针对特殊商品或者大数据建设。在这里也可以看到，进出境物品的监管具有明显的从属特征。

不同的差别化管理措施。

其次，进出境货物与物品的二元划分，对商品本身的管理是表象，对商品背后代表的人的管理是海关管理的核心所在。进出境“物品”管理中“人”的管理需求比进出口“货物”而言更加突出。从各国立法实践来看，不同的人在“物品”认定上是存在明显的差异的，在进出境的通关待遇上也是有着明显的差别的。而这些对进出境活动中特殊的“人”的管理的需求在当下没有发生本质改变，而只是更加复杂化了。

因此，从进出境物品禁限管理的范围与进出境货物禁限管理的范畴可以看出，由于二者的管理逻辑的巨大差异，不可能简单地对二者进行合并管理，类似的情况在其他一些领域也有出现，类似于交通管理的“营运车辆”和“家用车辆”，二者有着本质的不同，因此在管理制度和管理思路上有明显的差别，不可能因为都是机动车辆而简单划一地进行管理。

最后，更加重要的是，对货物与物品的二元化的划分，是未来进一步推进口岸旅客通关便利化的基础和必然性要求。

近年来我国海关在货物贸易便利化领域已经取得了极大的成功，包括全国通关一体化改革和企业信用管理制度的实施，使我国货物贸易便利水平有了很大的提升。但是在旅客通关领域，便利化的推进是明显滞后的，虽然前些年的新冠疫情导致这一需求明显被掩盖，但是疫情过后或者常态化以后，这一趋势仍然是需要我国海关高度重视的。

国际上，美国海关已经开始推行旅客分类通关制度，并实施了“受信任旅客项目（Trusted Traveler Program，TTP）①”，美国海关通过受信任旅客项目对经常进出境人员实施预先分类管理，缴纳的会员费除了被视作便捷通关的服务的对价以外，同时也可以视作是一笔信用担保费用。经常进出境人员通过线上申请、线下面谈、支付会费三个环节，类似于信用担保，美国 CBP 完成对这些旅客的授信，旅客则可以在通关环节享受便利。

综上，不同于传统上海关对货物与物品进行二元制划分的时代，当代二者“统”与“分”之争实质是“规制”和“便利化”之争。“统”有利于海关作为边境口岸管理部门更好地执行边境管理职能，保障国家税收；而“分”则有利于对于非贸易性的商品给予区别待遇，从而有针对性地进行制度设计和给予差别化的通关待遇。在这里则需要政策制定者做出抉择，尤其是不久的将来，旅客通关便利化将是海关急需破解的新课题。

类似 20 世纪八九十年代，海关在货物监管领域的重点主要放在税收管理一样，而刚刚开始认识到贸易便利化对于海关工作的特殊重要性，海关总署乃至直属海关绩效评价的最重要指标都是税收任务完成的情况，直到最近十年，贸易便利化作为海关工作的关

① 受信任旅客项目（TTP）为美国 CBP 提供的进出境会员服务，包括 Global Entry（全球通关）、NEXUS（芳邻卡）、SENTRI（旅客快速通关安全电子网络）、FAST（自由和安全贸易）四项便捷进出境服务和 TSA PreCheck（运输安全局预先检查）一项境内便捷安检服务。2021 年 2 月美国 CBP 发布的《2020 年 CBP 贸易和旅行报告》显示，到 2020 年底，有超过 960 万进出境人员加入受信任旅客项目。

键绩效指标（KPI）[①]特性才逐渐显现出来。当前在进出境物品管理方面，多数学者的观点都是从税收监管的角度出发，提倡货物与物品的一统，也同样没有看到未来旅客通关便利化对于货物与物品的“分”的必然性要求。

从税收公平和打击行邮渠道走私的角度考虑，“行邮税”的取消是一种合理的选择。但是进出境物品管理的另外两个环节：“禁限管理”和“通关管理”方面还是应该考虑到物品自身的特殊性，更多地考虑物品通关便利化。“禁限管理”方面，继续维持现有物品的进出境禁限规定，这也符合当前国际上的一般做法；**而在“通关管理”方面，仍应坚持进出境“货物”与“物品”分开管理，区别对待。同时，应该积极探讨与之相关的旅客分类通关管理的制度设计，努力提升进出境物品通关便利化水平，同时不同物品进出境渠道受到的影响不同，未来实施的管理措施也应该有所差别。**

四、立法建议

（一）建议在《海关法》中增加专门的进出境物品的定义

具体在第100条中增加“进出境物品”一项的定义，如“进出境物品”指进出境活动中具有非贸易属性的进出境商品，包括但不限于：

（1）进出境旅客随身携带或者托运的符合自用、合理数量要求的旅行用必需品；

（2）不以商业盈利为目的的、偶发的由寄件人通过邮政或者快件渠道邮寄给收件人的进出境商品；

（3）特殊组织、机构和特殊身份进出境人员因公务活动需求而进出境或者随身携带的进出境商品；

（4）……

（二）建议修改“中华人民共和国海关进出口货物申报管理规定”为“进出境货物与物品申报管理规定”，同时分别规定进出境不同类型物品的申报要求。

申报规定中可以对不同物品进行进一步的概念界定，同时增加对“行李物品”和“邮递物品”中“口头申报”和“书面申报”的具体规范要求。

其中：

（1）行李物品可以进行在限值以内进行“口头申报”，超出限值或者涉及限制进出境的情形需进行书面申报。

同时应该列明可以按照行李物品进行申报的具体商品的范围和条件。

增加行李物品中“家庭申报”一项，允许行李物品的限额按照旅行中家庭成员数量进行汇总合计。

（2）可以对邮递物品统一采取“书面申报”的要求。对于规定限额以内的邮递物品

---

① KPI: Key Performance Indicator 关键绩效指标。

和快件可以采取简化申报的手续，使用专门的报关单；对于超过限额的邮递物品和快件则应按照货物进行规范申报，填报进出口货物报关单。

（3）对于其他类型的进出境物品，也可以做出相应申报方面的规范。

（三）取消行邮税，保留行李渠道进出境的限值管理规定

（1）取消现有的行邮税制度，对进出境货物和物品统一按照关税税则进行征税；

（2）考虑到行李物品进出境的特殊性，建议保留限值规定，同时针对不同类型的旅客实行分类分级的限值规定。

（3）对邮递物品的免税情形，取消邮递物品的免税额度，可以按照减免税货物的管理模式统一管理。对于其中可以免税的部分，海关列明可以免税的情形，可以由寄件人或者收件人进行申请，海关确认后即可享受减免税待遇，而不受额度限制。

参考文献

［1］刘奇超，施正文，曹明星，苏铁. 中国进境物品进口税制度改革：国际比较与立法思路［J］. 国际税收，2017（2）.

［2］佘建明. 论行邮监管中海关对货物和物品两种不同的法律适用方式［J］. 海关法评论，2015（5）.

［3］戴明辉. 非贸性质行李邮递物品进出境的海关监管：时代背景、历史脉络与问题反思［J］. 深圳大学学报（人文社会科学版），2018，35（2）.

［4］陈晓."货物"还是"物品"？——刍议海关法律制度中的"物"是"物""非"［J］. 海关与经贸研究，2020（11）.

［5］钟昌元. 跨境电子商务背景下我国行邮物品税的改革探讨［J］. 海关与经贸研究，2016（5）.

［6］陈树雷，马永飞，邵剑辉. 全球价值链视角下进出境物品税收征管研究［J］. 开放性金融研究，2018（4）.

［7］郑乐怡，夏天. 通过统一税制破解进出境"货物"和"物品"：二元监管模式困境的思考［J］. 对外经贸实务，2018（12）.

中国海关经核准出口商制度的贸易效应及优化路径研究

李海莲　刘婉晴

（对外经济贸易大学政府管理学院）

摘　要：随着区域全面经济伙伴关系协定（RCEP）等区域经济合作不断深化，更便利、高效的原产地证明形式如原产地声明正受到越来越多自贸协定缔约国的广泛关注。经核准出口商制度作为自贸协定（FTA）中原产地证明规则的一部分，其赋予经海关核准后的企业自主开具原产地声明的权力，以期简化原产地认证流程。本文在梳理海关经核准出口商制度国际发展及其在我国应用现状基础上，基于中国—冰岛、中国—瑞士和中国—韩国三个自贸协定（FTA）的经核准出口商制度，运用贸易引力模型分析该制度的贸易效应。面板固定效应模型的实证结果表明，使用经核准出口商制度可显著促进中国对FTA缔约国的出口贸易。最后，根据研究结果提出制度优化路径，诸如加快拓展经核准出口制度的普及应用、将AEO（经认证的经营者）认证制度与经核准出口商制度进行衔接及适当降低经核准出口商认证门槛等。

关键词：经核准出口商制度；原产地声明；贸易效应

一、引言

党的二十大报告指出，推进高水平对外开放。……要稳步扩大规则、规制、管理、标准等制度型开放。加快建设贸易强国，营造市场化、法治化、国际化一流营商环境。近年来，我国海关正致力于构建更便利、开放的原产地证明管理体系，以便利出口企业更好地运用自由贸易协定（Free Trade Agreement，以下简称FTA）中的原产地规则，享受关税优惠红利。2022年1月1日，《中华人民共和国海关经核准出口商管理办法》正式施行，将经核准企业开具原产地声明规章化；2023年11月，我国海关总署取消原产地企业备案，申请人可直接线上申领原产地证书，以简化原产地认证流程。2024年2月，海关总署发布了《中华人民共和国出口货物原产地证书签证管理办法（征求意见稿）》的草案，旨在为我国海关加强原产地证书签证管理、服务广大出口企业申领原产地证书构建更科学高效的规章制度。

海关经核准出口商制度（Customs Approved Exporter System）是指经海关依法核准认定的企业可以对其出口或者生产的、具备相关优惠贸易协定项下原产资格的货物开具原产地声明，而无需向政府机构申领证书。该制度是 FTA 原产地证明规则的重要组成部分，通过赋予符合条件的企业开具原产地声明的权力，以期简化出口程序，降低贸易成本，实现协定缔约方之间的关税减免和贸易自由化。2022 年，全球最大的自贸协定《区域全面经济伙伴关系协定》（Regional Comprehensive Economic Partnership，以下简称 RCEP）正式实施，生效两年期间，对加快我国贸易自由化进程和区域经济贸易发展产生了积极影响。RCEP 与 WTO 传统的贸易规则不尽相同，其进一步落实了经核准出口商制度，并在第三章第十六条中要求各成员于过渡期后完全实施出口商或生产商自主声明制度。随着近年来 RCEP 等区域经济合作的不断深化，经核准出口商制度正在逐渐受到海关和企业界的关注。海关总署数据显示，2023 年全国有 723 家经核准出口商自主出具 RCEP 原产地声明共计 1. 2 万份，货值达到 101.8 亿元①。

基于上述背景，本文研究我国海关经核准出口商制度的应用状况、现存问题，并实证分析其贸易效应，以期为我国未来构建便利化程度更高的原产地声明管理体系、推动 RCEP 目前尚未生效的“出口商或生产商自主声明”规则在过渡期过后完全落地实施提供有效参考。

二、文献综述

对于原产地规则的贸易效应，国内外学者多从优惠原产地规则限制水平的角度展开讨论。Estevadeordal（1999）在对北美自贸区（NAFTA）原产地规则的研究中开创性地提出了七分制法来衡量优惠原产地规则的限制水平。Estevadeordal 和 Suominen（2003）运用贸易引力模型对泛欧地区实施的自贸协定进行实证研究，发现：严格的原产地规则总体上来看会对自贸协定缔约方之间的贸易流量产生抑制效应；对最终产品实施严格的原产地规则将产生投入要素的贸易转移效应；灵活运用累积条款、退税规则等制度性安排能够使原产地规则有利于创造贸易流量。李海莲、韦薇（2016）利用 Estevadeordal 的七分制赋值法测算中国参与缔约的 FTA 优惠原产地规则的限制程度，并实证分析了其对出口贸易具有显著的贸易约束效应，而原产地规则中的累积条款能够带来一定程度的贸易创造效应。张少华（2023）基于 GTAP 模型探究 RCEP 原产地规则限制效应水平与我国对 RCEP 缔约国进出口贸易的相关关系，发现原产地规则限制效应指数越小越有利于进出口。

就经核准出口商制度而言，其研究通常与原产地声明规则的研究紧密相关，大致围

① 数据来源：国务院新闻办公室 2024 年 1 月 12 日新闻发布会。

绕原产地声明认证比较、原产地声明及经核准制度的运用情况两个方面展开。在原产地声明认证比较方面，Estevadeordal和Suominen（2003）比较了欧盟经核准出口商开具原产地声明与两步签发EUR.1原产地证书，认为经核准出口商制度尽量减少了政府行政成本。关税司原产地办公室（2011）指出欧美等经济体原产地声明认证较亚洲国家更为成熟。范心怡（2022）基于韩国—中国FTA、韩国—欧盟FTA、韩国—美国FTA，实证得出相较于经核准出口商制度，完全基于出口商的自主签发对韩国的出口贸易有显著的促进作用。在原产地声明及经核准出口商制度的实际运用情况方面，王诗东（2019）利用问卷调查的方法研究了杭州关区进出口企业FTA利用率现状，得出了FTA利用率不平衡、引入原产地声明条款的FTA利用率较低的结论。梅毅之等（2021）通过问卷调查和数据分析等方式研究广州、深圳关区出口企业已实施原产地声明与原产地证书应用现状。

基于上述文献梳理，当前学术界对原产地规则贸易效应的研究理论体系较成熟，限制水平严格的原产地规则会对贸易产生约束效应，部分制度性安排可能能够产生贸易创造效应。相比之下，对原产地声明规则的文献研究则起步较晚，近年来随着高水平区域自由贸易协定的实施，原产地规则尤其是原产地声明规则逐渐受到关注，但对于经核准出口商制度单独的系统性研究很少，故本文将重点关注经核准出口商制度，参考以往学者研究原产地规则贸易效应的方法，分析经核准出口商制度对出口贸易的影响。

三、经核准出口商制度国际发展及我国应用现状

（一）经核准出口商制度国际发展

《经修订的京都公约》在专项附约十第二章中对原产地证明文件的类型做出了规定，将其分为原产地证书（Certificate of Origin）和原产地声明（Declaration of Origin）。其中，原产地证书是由主管当局或授权机构签发的明确货物原产于某一国家的特定格式文本，也是目前使用最广泛的证明形式。原产地声明则是指进出口贸易相关企业根据特定原产地规则自主开具的用于证明货物原产地的文件，也可以是在商业发票或其他单证上作出的正式声明[①]。原产地证书和原产地声明具有同等的法律效力，但两者常用于不同的原产地认证体系。根据世界海关组织（WCO）《原产地纲要》对优惠贸易原产地认证体系的分类[②]，原产地声明主要适用三类企业自主认证模式：一是完全基于出口商的自主认证，即任何出口商无需经过核准或审批就可以自主签发原产地声明；二是基于进口商的认证，即由

① Rivsed Kyoto Convention, https://www.wcoomd.org/Topics/Facilitation/Instrument%20and%20Tools/Conventions/pf_revised_kyoto_conv/Kyoto_New, 2024-2-28last visited.

② Origin Compendium将原产地认证模式分为：授权机构签发、基于进口商认证、完全基于进口商认证以及经核准出口商制度。

进口商提供货物的原产地声明；三是经核准出口商制度，即只有经过主管当局（海关）核准的出口商才能够签发原产地声明，故其常与授权机构签发原产地证书的认证模式相结合运用。

经核准出口商制度起源于欧洲，早在 1975 年，挪威、冰岛、瑞士以及列支敦士登等国家就开始采用该制度，以降低政府机构的行政管理成本（关税司原产地办公室，2011）。2001 年，欧盟理事会发布第 1207 号条例，在第八条明确了“经核准出口商的认证与授权”；此后欧洲地区的各类自贸协定开始推进经核准制度的运用，逐步以经核准出口商出具的发票声明替代主管当局签发的 FTA 原产地证书。随着泛欧地区对外签署 FTA，该制度配合原产地自主声明的实施，也被越来越多的国家接纳采用。截至 2023 年 12 月 31 日，全球共有 363 个生效的 FTA，引入了原产地声明条款的有 158 个，占目前生效 FTA 的 43.5%，其中采用经核准出口商制度进行认证的有 96 个，占引入了原产地声明条款的 FTA 的 60.8%。此外，在这些使用经核准出口商制度的 FTA 中，泛欧地区国家参与签署的共有 81 个，占比高达 84.4%①。由此可见，当前原产地自主声明正在发展为全球 FTA 中原产地证明形式的主要类型之一，且运用经核准出口商制度进行原产地声明的认证是目前的主流趋势。

（二）中国经核准出口商制度体系构建

我国目前采用原产地证书作为原产地证明的主要形式，原产地声明的使用尚未得到完全普及，相关法律法规体系也仍在建设和完善中。

在国际层面，我国当前缔约的已生效或将要生效的 19 个 FTA 中，均规定了授权机构签发的原产地证书可作为原产地证明形式，但引入了原产地声明条款的较少，只有 6 个（见表 1）。其中，除了中国—澳大利亚 FTA 中企业开具原产地声明应当基于原产地预裁定以外，其他 FTA 中声明均有经核准出口商的相关规定，因此我国如今的原产地声明认证模式主要就是经核准出口商制度。

表 1　我国签订的引入了原产地声明条款的 FTA

FTA	中国—冰岛	中国—瑞士	中国—澳大利亚	中国—毛里求斯	RCEP	中国—新西兰（升级版）
生效时间	2014 年 7 月 1 日	2014 年 7 月 1 日	2015 年 12 月 20 日	2021 年 1 月 1 日	2022 年 1 月 1 日	2022 年 4 月 7 日
认证模式	经核准出口商制度	经核准出口商制度	基于预裁定出口商或生产商可开具原产地声明	经核准出口商制度	经核准出口商制度；出口商或生产商完全自主声明	经核准出口商制度；基于行政预裁定开具

① 数据来源：笔者通过 WTO RTA 数据库整理。

续表

FTA	中国—冰岛	中国—瑞士	中国—澳大利亚	中国—毛里求斯	RCEP	中国—新西兰（升级版）
承载形式	独立文件	固定文字，打印、加盖或印刷在发票或其他商业单证上	独立文件	固定文字，在发票或者其他商业单据上出具	独立文件	独立文件
有效期限	声明填具之日起 12 个月内	发票或其他商业单证开具之日起 12 个月内	声明填制之日起 12 个月内	发票或其他商业单证开具之日起 12 个月内	声明出具之日起 12 个月内	声明出具之日起 12 个月内
相关文件保存时长	3 年及以上	3 年及以上	3 年及以上	3 年及以上	3 年及以上	按缔约双方国内立法相关规定保存

资料来源：中国自由贸易区服务网。

从表 1 可以看出，这些我国签订的引入了相关条款的 FTA 中关于原产地声明和经核准出口的规定并不完全一致，区别主要在于是否用或只运用了经核准出口商制度以及声明是独立文件还是开具于商业单证。共同点在于原产地期限都是 12 个月内，对相关文件保存期限的要求也都至少 3 年，以方便海关核查。

在国内层面，为了与表 1 中 FTA 尤其是 RCEP 中的原产地声明规则接轨，更有效地实施经核准出口商制度，2021 年，海关总署颁布了《中华人民共和国海关经核准出口商管理办法》（以下简称《办法》），首次将经核准出口商制度规章化，正式且统一地明确了我国经核准出口商的概念及其在开具原产证明过程中的一系列权利与义务。《办法》第四条规定了经核准出口商应符合海关高级认证企业、掌握相关 FTA 原产地规则、建立完备原产资格文件管理制度这三个必要条件；第七条规定了核准出口商资格有效期为 3 年且可申请续展；第十一、十二条规定了企业应按要求时限保存证明以及海关核查证明的方式；第十四、十五条和十六条列举了经核准出口商资格注销或撤销的情形和应承担的法律责任。

（三）我国与泛欧模式的经核准出口商制度比较

考虑到当前经核准出口商制度在泛欧地区使用最为频繁，规则体系也相对成熟，本文从核准资格认定要求、对经核准出口商开具声明的核查、经核准出口商的违法责任承担三个方面将我国的经核准出口商制度和泛欧模式下的进行简单比较：

1. 核准资格认定方面

以欧盟为例，欧盟海关通常也从三个方面来审核经核准出口商：一是企业出口货物的频率，二是企业是否掌握原产地规则认证的专业能力，三是企业的信用等级且是否能够提供过往出口货物的原产地证明文件（吴方，2018）。总体上来看，泛欧模式与我国的企业想要获得经核准出口商资格都需要经过严格的条件筛选与审核，主要区别在于：泛欧模式下的经核准制度并没有对企业的信用等级作出硬性要求，而是根据出口商的历史记录来核实企业的信用；但在我国，企业首先必须为海关高级认证企业，使得经核准资格的门槛更高。

2. 原产地声明核查方面

在对经核准出口商开具的原产地声明核查方面，根据《办法》第十二条，可知我国目前主要是以与外方合作的方式核查经核准出口商开具的原产地声明，即进口国对经核准出口商提出质疑，出口商将收到的核查请求转交给我国海关，再由海关总署统一实施核查。然而在泛欧地区，出口国海关在通常情况下，是应进口国要求进行原产地核查，但也有权利对经核准出口商开具的声明产生怀疑并主动进行核查（吴方，2018）。单从制度建设角度而言，我国采用的合作核查方式相较于泛欧地区效率更低，首先是提出质疑、转交核查申请等环节耗时较长，其次，海关只应进口方请求方进行原产地声明核查使得执法主动性被大大削弱。

3. 违法责任承担方面

在经核准出口商的违法责任承担方面，根据《办法》第十五、十六条，我国对骗取核准资格认定、伪造或买卖原产地声明、阻挠海关核查的经核准出口商采用的是撤销核准资格且予以行政处罚的双重罚则。泛欧地区对上述出口商滥用核准资格的行为也同样采用双重罚则，但相比起我国多一类违规情形，即不按照规定保存、管理原产地证明文件，也将面临撤销核准资格和海关行政处罚（Gavier，2012）。显然，泛欧地区对于经核准出口商合法使用其核准资格的要求比我国更为严格，不仅对违法行为的处罚范围更加广泛，而且违法监督力度也更强。

（四）中国企业运用经核准出口商制度现状

杭州海关（2019）、海关自由贸易协定原产地声明规则研究课题组（2021）的调研结果均表明运用经核准出口商制度开具原产地声明的企业远少于申办原产地证书的企业；但在原产地证明的使用效果方面，原产地声明的使用效果更好，即出口商或生产商开具原产地声明后，货物顺利通关不受到进口国海关核查的概率更高。RCEP 正式实施后，原产地自主声明开始逐渐被企业熟知并运用，2023 年我国经核准出口商所出具的 RCEP 原产地声明首次突破万份，然而 RCEP 项下签发的原产地证书数量达 21.81 万份[①]，可见向海关或者中国贸促会申办原产地证书仍然是企业主要的认证模式。对于这一现状，本文认为可能原因在于：

一是我国经核准出口商制度起步相对较晚。直到 2014 年中—冰、中—瑞 FTA 正式

① 数据来源：全国贸促系统。

生效时，我国海关才开始利用经核准出口商制度开展原产地声明认证，目前仍处于探索实施阶段，尚未形成较为成熟系统的经核准出口商管理体系。我国原产地证书的机构签发工作可以追溯到20世纪70年代改革开放时期，多年来企业已习惯使用原产地证书，并熟悉原产地证书的申领程序，因此并不愿为此做出改变和付出成本。

二是我国引入经核准出口商制度的FTA较少且利用率水平较低。出口商需在优惠贸易协定项下才可申请核准资格并开具声明，而实际情况中引入经核准出口商制度的FTA仅有5个，制度普及性有待提高。我国海关总署2014年公布的FTA利用率以及部分学者的研究表明，当前我国企业FTA利用率普遍较低，并且引入了经核准制度的FTA如中瑞、中冰FTA的使用门槛均较高，这进一步阻碍了企业利用经核准出口商制度享惠（吕建兴，2023）。

三是实践中企业获得海关经核准出口商资格较为困难。根据《办法》，企业要获得核准资格首先必须是海关高级认证企业。截至2023年12月，我国海关高级认证企业有5 858家[①]，其余大多数企业为一般企业，因此，对于很多期待更便利获得FTA优惠待遇的中小微企业而言，相对较难享受经核准制度红利。此外，高级认证企业还应当掌握相关FTA的原产地规则和建立完备的原产资格文件管理制度，这也为企业获得核准资格增加了难度。

四、海关经核准出口商制度的贸易效应实证分析

（一）模型设定

引力模型是由地理学家、社会学家和经济学家共同构建的一种理论假说，它借鉴了牛顿的万有引力公式，旨在解释和预测人类在地理空间中所产生的经济、社会及政治性相互影响和相互作用的方式。本文参考Estevadeordal（2004）、范心怡（2022）等在研究原产地规则对某国贸易流量影响时构建的模型，引入原产地限制指数ROO、两国之间的人均GDP差异GAP等指标。同时，考虑到本文实证分析研究的双边FTA中，出口国i固定为中国，而在固定效应中每一年的GDP均不变，可能会产生多重共线性，故本文将出口国GDP变量剔除。构建贸易引力模型如下：

$$\ln EXP_{\mathrm{ijk}} = \beta_0 + \beta_1 AES_{\mathrm{ijk}} + \beta_2 ROO_{\mathrm{ijk}} + \beta_3 \ln GDP_j + \beta_4 \ln GAP_{\mathrm{ij}} + \beta_5 \ln DIST_{\mathrm{ij}} + \delta_k + \mu_t + \gamma_j + \sigma \tag{1}$$

在该模型中，EXP代表中国对FTA缔约国j出口k产品的贸易额，变量AES（Approved Exporter System）是生成的虚拟变量，若中国签订的该FTA中引入了经核准出口商制度

① 数据来源：中国海关企业进出口信用信息公示平台。

相关条款，则赋值为“1”，若该 FTA 中只允许授权机构签发证书的原产地认证方式，则赋值为“0”。

由于各类产品每年出口贸易存在大量“0”值，故均加上 1 后再取对数；同时，AES、ROO 作为不随时间而变化的量可能会被固定效应模型剔除，因此以 2016 年为基期，2017—2019 年依次赋值 2－4 以和虚拟变量 AES 和原产地限制指数 ROO 作交互项，所调整的模型为：

$$\ln(EXP_{ijk}+1)=\beta_0+\beta_1 AES_{ijk}*t+\beta_2 ROO_{ijk}*t+\beta_3\ln GDP_j+ \beta_4\ln GAP_{ij}+\beta_5\ln DIST_{ij}+\delta_k+\mu_t+\gamma_j+\sigma \quad (2)$$

其中，GDP_j 表示进口国 j 的国内生产总值、DIST 代表中国与进口国之间的地理距离与当年国际原油价格的乘积，GAP 是中国与进口国 j 的人均国民收入差异，δ_k 表示产品固定效应，μ_t 表示时间固定效应，γ_j 表示进口国固定效应，σ 表示随机扰动项，β_0 是常数项，β_1、β_2、β_3、β_4、β_5 为各变量的估计系数。

（二）变量选取与描述性统计

被解释变量 EXP：本文选取 2016—2019 年中国对冰岛、中国对瑞士、中国对韩国 HS6 位码下的出口贸易额作为被解释变量。中冰、中瑞 FTA 作为我国最早签订的引入经核准出口商条款的优惠贸易协定，均在 2014 年 7 月开始生效实施；韩国作为我国最重要的贸易伙伴之一，其在 2022 年初 RCEP 生效之前与我国签订的中韩 FTA 中并未引入经核准制度且该 FTA 自 2015 年 12 月底才开始生效。同时考虑到新冠疫情对全球贸易的消极影响，故本文舍弃了 2020—2021 两年的数据，以 2016—2019 年的共计 67 356 条贸易数据①作为研究样本。数据来源于联合国贸易数据库（UN Comtrade）。

核心解释变量：AES*t，预期系数为正。中国—冰岛 FTA、中国—瑞士 FTA 中引入了经核准出口商制度，故 AES 赋值为“1”；中国—韩国 FTA 未引入，AES 赋值为“0”，并时间作交互项，得到核心解释变量 AES*t。

本文还选取了另一个重要解释变量：ROO*t，预期系数为负。本文利用 Estevadeordal（1999）原产地限制指数七分赋值体系，参照李海莲（2016）、张瑞（2022）对各类实质性改变标准的赋值方法，对中—冰、中—瑞、中—韩 FTA 中的各产品的原产地限制指数进行赋值，并与时间作交互项构建指标 ROO*t。

控制变量：进口国 i 的国内生产总值 GDP，预期系数为正；中国与进口国 i 的地理距离与国际原油价格的乘积 DIST，故预期系数为负；中国与进口国 j 的人均国民收入差额 GAP，理论上两国的人均收入水平差异较小时，意味着两国消费者的需求和偏好可能

① 本文在 UN Comtrade 数据库中导出中国对冰岛、瑞士、韩国在 2016 年到 2019 年 HS6 位码下的所有产品子目，得到 5613*3*4 条样本数据。

更为相似，从而增加两国之间贸易的可能性，预期系数为负。GDP、GAP、DIST数据均来源于法国CEPII BACI数据库，2016—2019年的国际原油价格数据来源于美国能源信息管理数据库。

对上述变量进行描述性统计，结果如表2所示。

表2　　变量的描述性统计

变量	观测值	均值	标准差	最小值	最大值
ln（EXP+1）	67 356	5.628	6.613	0	23.39
AES	67 356	0.667	0.471	0	1
AES*t	67 356	1.807	1.523	0	4
ROO	67 356	4.611	1.198	2	7
ROO*t	67 356	11.65	6.258	2	28
$lnGDP_j$	67 356	19.52	1.822	16.81	21.27
lnGAP	67 356	3.825	0.537	2.966	4.337
lnDIST	67 356	12.26	1.012	10.63	13.17

（三）实证结果与分析

本文对面板数据进行了Hauseman检验，以确定使用随机效应还是固定效应模型，结果显示卡方统计量的值为3 449.93，*P*值等于0（Prob＞*F*=0.000 0）小于0.01，故使用固定效应模型对面板数据进行回归。

1. 基准回归结果

本文对模型（2）进行固定效应回归，结果如表3所示。

表3　　基准回归结果

解释变量	被解释变量：ln（EXP+1）					
	（1）	（2）	（3）	（4）	（5）	（6）
AES*t	−0.706*** （0.015）	0.484*** （0.017）	0.465*** （0.017）	0.486*** （0.017）	0.480*** （0.017）	0.486*** （0.017）
ROO*t	−0.062*** （0.006）	−0.096*** （0.006）	−0.095*** （0.006）	−0.095*** （0.006）	−0.097*** （0.006）	−0.095*** （0.006）
$lnGDP_j$	1.452*** （0.001）	1.714*** （0.497）	1.191*** （0.009）	0.914*** （0.097）	1.002*** （0.028）	0.914*** （0.097）
lnGAP			−4.325*** （0.039）	−1.490* （1.987）	−1.823*** （0.262）	−1.490* （1.987）
lnDIST					−1.307*** （0.438）	/
Constant	−30.761*** （0.156）	−27.585*** （0.167）	−1.796*** （0.261）	−5.495*** （1.606）	13.667*** （2.096）	−5.495*** （1.606）

续表

解释变量	被解释变量：ln（EXP+1）					
	（1）	（2）	（3）	（4）	（5）	（6）
观测值	67 356	67 356	67 356	67 356	67 356	67 356
R^2	0.684	0.736	0.734	0.736	0.736	0.736
产品－时间固定	YES	YES	YES	YES	YES	YES
国别固定	NO	YES	NO	YES	NO	YES

注：*、**、***分别表示在 10%、5%和 1%的水平上显著，括号内为标准误。

具体来看，在所有回归中，核心解释变量 AES*t 均通过了 1%水平的显著性检验；且在最终的模型（5）和（6）中，AES*t 符号为正，与预期假设相符。这说明经核准出口商制度对中国向 FTA 缔约国的出口有显著影响并能够产生贸易创造效应。对于另一重要解释变量原产地限制指数 ROO，其交互项在所有模型中也均为 1%的置信水平下显著，且符号都与预期一样为负。这说明原产地限制指数对中国向 FTA 缔约国的出口会产生贸易约束效应，即 FTA 中的原产地限制指数越高，企业所要付出的贸易成本就越高，中国对 FTA 缔约国的出口贸易就会受到限制。

就控制变量而言，首先，中国与 FTA 缔约国的国内生产总值均在 1%的置信水平下显著为正，进口国内生产总值很大程度上反映了一国的需求能力，能力越大，中国对其产生出口的贸易流量越多，因此我国应当重视贸易伙伴的经济状况和市场潜力，积极向发达经济体寻求优惠贸易安排。其次，回归结果表明两国人均收入差异 GAP 变量显著为负，说明中国与 FTA 缔约国的两国人民消费结构差异会使双边贸易需求减少，从而对我国向该国家的出口贸易产生约束效应。最后，中国与 FTA 缔约国的距离变量 DIST，其在双固定产品与时间回归时于 1%的显著水平上为负，这说明两国间的地理距离将增加双方贸易成本。

2. 产业异质性分析

为了进一步分析海关经核准出口商制度对不同行业产品国际贸易的影响，并为经核准出口商制度的优化提出针对性建议，本文观察面板数据里中国对冰岛、瑞士及韩国的各类产品的贸易额，基于钦晓霞（2012）按协调制度对出口行业要素禀赋的分类，选取了相关产品（见表 4）。

表 4　　要素密集型产品分类情况

产品要素密集类型	协调制度对应类章
资源密集型	第 2 类植物产品；第 5 类矿产品；第 9 类木及其制品；第 13 类矿材料制品；第 14 类宝石贵金属及首饰

续表

产品要素密集类型	协调制度对应类章
劳动密集型	第 4 类食品饮料及烟酒；第 8 类皮革、毛皮及制品；第 11 类纺织原料及其制品；第 12 类鞋帽伞；第 15 类贱金属及其制品
资本密集型	第 6 类化学原料及工业产品（第 30 章药品除外）；第 7 类塑料及其制品、橡胶及其制品；第 10 类纸及其制品
技术密集型	第 30 章药品；第 16 类机电产品；第 17 类交通运输设备

本文对上述不同要素密集产品的数据进行回归，发现是否采用经核准出口商制度对中国向该 FTA 缔约国出口贸易流量的影响，在不同行业、不同产品层面具有异质性（表 5）。

表 5　　产品层面异质性分析

解释变量	被解释变量：ln（EXP+1）			
	资源密集型	劳动密集型	资本密集型	技术密集型
AES*t	0.766** （0.384）	0.375*** （0.028）	0.563*** （0.038）	0.364*** （0.030）
ROO*t	−0.044*** （0.014）	−0.089*** （0.011）	−0.160*** （0.014）	−0.180*** （0.015）
$\ln GDP_j$	0.643*** （0.043）	1.003*** （0.560）	1.038*** （0.066）	1.238*** （0.084）
lnGAP	−1.879*** （0.614）	−0.797 （0.870）	−1.419 （1.113）	−1.967 （1.298）
lnDIST	−2.021*** （0.372）	−2.516*** （0.522）	−2.228*** （0.610）	−0.607 （0.776）
Constant	22.285*** （3.057）	21.014*** （4.169）	18.414*** （4.885）	−0.658 （6.167）
观测值	9 792	20 436	14 748	12 612
R^2	0.664	0.765	0.716	0.765
产品固定	YES	YES	YES	YES
时间固定	YES	YES	YES	YES

注：*、**、***分别表示在 10%、5%和 1%的水平上显著，括号内为标准误。

就核心解释变量而言，其对劳动密集型、资本密集型以及技术密集型的产品产生的贸易积极影响比对资源密集型的产品的影响更为显著。其中，在同为 1%的显著水平下，经核准出口商制度对于资本密集型的产品产生的出口促进作用更大。这可能是因为资本密集型产品往往涉及较高的附加值，其具备更强的出口竞争力和更完善的出口支持体系，而经核准出口商制度进一步帮助了这些企业获得更多的 FTA 缔约国市场准入机会。劳动密集型产品更多地依赖于成本优势，而技术密集型产品则面临更激烈的国际技术竞争，因此在相同的制度支持下，可能需要更长的时间来转化为实际的出口增长。对于资源密集型产品，其出口往往受到自然资源禀赋、国际市场价格波动以及环保政策等因素的制约，因此经核准出口商制度对其出口的积极影响显著性较低。

值得注意的是，在所有要素类型产品的回归结果中，重要解释变量 ROO*t 都在 1%的水平上显著为负。其中，在同样的显著水平下，原产地规则对资本密集型产品和技术密集型产品的贸易约束效应要大于资源密集型产品与劳动密集型产品。这反映出，资本密集型产品和技术密集型产品作为产业升级和经济发展的重要推动力，在生产过程中可能涉及多国的技术、材料和零部件；相比之下，资源密集型产品与劳动密集型产品可能更多地依赖于单一国家的自然资源或劳动力成本，因此更容易符合某一特定国家的原产地标准。

（四）稳健性检验

考虑到面板数据中 EXP 变量存在零值以及异方差对固定效应回归结果的影响，本文使用 PPML 对模型进行实证估计，估计结果如表 6 所示。

表 6　　稳健性检验 PPML 回归

解释变量	被解释变量 ln（EXP＋1）	
	（1）	（2）
AES*t	0.135*** （0.002）	0.136*** （0.002）
ROO*t	－0.067*** （0.001）	－0.067*** （0.001）
lnGDP	0.294*** （0.010）	0.681*** （0.058）
lnGAP	－0.181*** （0.004）	－0.120* （0.160）
lnDIST	－0.255*** （0.092）	/
Constant	6.514*** （0.027）	－5.241*** （0.915）
观测值	67 356	67 356
产品－时间固定	YES	YES
国别固定	NO	YES

注：*、**、***分别表示在 10%、5%和 1%的水平上显著，括号内为标准误。

PPML 回归结果与表 3 中的基准回归结果在变量显著性与正负号上基本吻合，这说明了基准回归具有较强的稳健性。具体而言，首先，变量 AES**t* 仍然在 1%的水平上显著为正，得到了进一步检验，这使得基准回归结论，即经核准出口商制度能够给中国向FTA缔约方的出口带来贸易创造效应，更具说服力。

（五）内生性问题

本文采用了双向固定效应模型进行回归分析，这在很大程度上能够规避由遗漏变量所引发的内生性问题。因此，本文主要聚焦于探究是否存在反向因果关系的可能性。对核心解释变量 AES*t 以及主要解释变量 ROO*t 进行一阶滞后处理进行双固定效应回归，回归结果如表 7 所示。可以看出，核心解释变量是否使用经核准出口商制度的交互项，滞后一期处理后得到的变量 LAES*t 仍然在 1%的水平上显著为正，重要解释变量原产地限制指数的交互项，滞后一期处理后得到的 LROO*t 仍然在 1%的水平上显著为负，这与基准回归的结果基本吻合。

表 7　　滞后效应回归

解释变量	被解释变量 ln（EXP+1）	
	（1）	（2）
L AES*t	0.318*** （0.017）	0.311**** （0.021）
L ROO*t	−0.125*** （0.010）	−0.084*** （0.007）
lnGDP	1.052*** （0.035）	1.203*** （0.031）
lnGAP	−1.680*** （0.631）	−1.440** （0.626）
lnDIST	−1.164*** （0.365）	/
Constant	7.090** （2.770）	−6.878*** （1.804）
观测值	50 517	50 517
R^2	0.741	0.741
产品−时间固定	YES	YES
国别固定	NO	YES

注：*、**、***分别表示在 10%、5%和 1%的水平上显著，括号内为标准误。

五、我国海关经核准出口商制度的优化路径

根据上述实证结果以及我国经核准制度的特点、企业运用经核准出口制度的现状与可能原因，本文提出以下优化路径：

（一）积极开展 FTA 谈判，推动 FTA 升级及推进利用经核准出口商制度

在国际层面，我国可积极开展 FTA 谈判，引入经核准出口商制度，提升应用经核准出口商制度的 FTA 数量，为企业更便利运用该制度创造更多空间，拓宽该制度的应用覆盖面与成熟度。具体而言，可从以下三个方面开展：一是加快推进我国重要贸易伙伴的 FTA 谈判，并在其中引入经核准出口商制度。在我国 2023 年的前五大贸易伙伴中，我国仅与东盟、韩国签订了双边 FTA，与日本则只通过 RCEP 进行优惠贸易。我国可积极开展与美国、欧盟、日本等发达经济体及重要贸易伙伴的 FTA 谈判，强调经核准出口商制度优势。二是积极开展利用率较高 FTA 的升级谈判，包括中国—东盟、中国—韩国、中国—智利、中国—澳大利亚等，努力引入经核准出口商制度相关条款。三是对于已引入经核准出口商条款的 FTA，也应尽早启动完善，如已实施近十年的中瑞 FTA，2024 年 1 月中瑞双方宣布已完成 FTA 升级联合可行性研究①，就全面升级 FTA 的可能性达成了共识。

（二）海关应进一步完善相关规章文件，构建完整的经核准出口商管理体系

虽然《办法》已将我国经核准出口商制度正式规章化，但其中还存在着一些有待完善、细化的问题，如：《办法》第四条规定了经核准出口商必备条件，但并没有公开文件说明如何判断企业是否已掌握优惠贸易协定下的原产地规则，及“完备”的原产地文件管理制度；第十二条及第十五条提到经核准出口商应当将核查请求转交主管海关，未转交且情节严重的将撤销核准资格认定，但条文中并未明确转交时限；第十七条只笼统提到对我国经核准出口商实施信用管理，但如何管理及给予怎样的优惠待遇和惩戒措施等一系列问题则无具体规定。因此，海关应当尽快起草并发布公告或规范性文件对《办法》中尚未明确的事项进行完善补充，以构建完整全面的经核准出口商制度管理体系，从而进一步明确实践中的执法依据与裁量准则。

（三）对接融合 AEO 认证体系提升经核准出口商制度的便利优惠实效

成为海关高级认证企业是企业申请核准资格的条件之一，但若能同时具备经核准出口商与 AEO（经认证的经营者）认证资格则可为企业出口享惠带来叠加便利。首先，可积极推动引入经核准出口商制度的 FTA 各缔约方之间的 AEO 互认。截至目前，我国已经与欧盟、韩国、澳大利亚及新加坡等 28 个经济体签署 AEO 互认协议，覆盖 54 个国家和地区，其中包括已与我国签署了含经核准出口商制度条款 FTA 的冰岛、瑞士以及新西兰②。接下来，中国可加快推进和毛里求斯以及 RECP 成员中尚未与我国签署 AEO 互

---

① 中国与瑞士启动自贸协定升级联合研究，http://fta.mofcom.gov.cn/article/chinaswitz/chinaswitznews/201701/34042_1.html.

② 数据来源：2024 年 5 月 10 日第六届全球 AEO 大会。

认协议国家的谈判进程，有利于鼓励常使用该类 FTA 的企业主动申请成为高级认证企业，使其具备获得经核准出口商认证的必需条件。其次，适当修订《办法》《中华人民共和国海关注册登记和备案企业信用管理办法》及相关规范性文件，推进两个制度的衔接融合，如同时审核 AEO 高级认证和核准资格，降低企业获准成本；或印发海关经核准出口商管理措施目录，让获得核准资格的企业在原产地调查抽查比例、进出口货物手续优先办理、免担保放行、降低稽查频次等方面享受与 AEO 企业叠加的便利优惠待遇，助推企业享惠升级，以调动企业申请经核准出口商资格的积极性。

（四）适当降低经核准出口商资格认定的门槛，加大事后监督与违法惩戒力度

为使经核准出口商制度带来的贸易红利能够惠及中小微企业，可在适当时机考虑进一步优化经核准出口商资格认定门槛，出台专门针对中小微企业的核准资格认定标准。实证结果表明，经核准出口商制度对我国资本密集型产业出口具有较大的积极影响，因此应重点关注这一类型的中小微企业，促进企业享惠。此外，我国也可以参照泛欧模式不对信用等级做硬性要求，但按照其以往出口记录来考察其信用水平，给更多企业获得经核准资格申请认证的机会。在降低门槛的同时，事后监督可以进一步收紧，比如延长撤销后不得再申请核准资格的年限并纳入信用档案，将未按规定保存原产地声明文件而予以撤销资格确认为行政处罚法定情形等，从而加大违法惩戒力度，构建经核准出口商“易准入、易退出、难再入”的动态管理模式，为未来我国在 RCEP 第二阶段实施出口商完全自主认证做好前期准备。

（五）海关加大宣传力度与服务能力，为经核准出口商制度搭建全方位的普及与辅导体系

针对目前大部分进出口相关企业对经核准制度不熟悉或已作了解但不能够落实运用的问题，我国可加大对经核准出口商制度的宣传力度，并帮助和服务企业提升对经核准出口商制度的认知和认证能力。一方面，可以利用微信公众号、短视频平台等网络媒体向企业传播相关知识，也可以走访企业进行一对一宣传及政策宣讲，帮助企业深入了解核准资格的认定要求、获得核准资格可享有的权利与义务，详细介绍开具声明所带来的优势与便利等。另一方面，海关可提升对企服务能力，如建立对企服务微信群、开通专业热线等，辅导更多企业了解和获得核准资格的基本条件，并加强与企业的交流调研，持续后续服务。此外，我国经核准出口商认证及开具声明通过“单一窗口”平台的“经核准出口商管理信息化系统”完成，且目前我国与瑞士、新西兰以及 RCEP 其他成员都能在系统上同步完成信息交换，但冰岛与毛里求斯的经核准信息交换工作还不能在平台上实现，因此海关还应继续推进与相关国家的信息平台建设，助力更便利的经核准出口商及原产地声明信息交换。

参考文献

[1] Estevadeordal，A. Negotiating Preferential Market Access：The Case of the North American Free Trade Agreement. Journal of World Trade，1999，34（1）：141－166.

[2] Estevadeordal A., Suominen K. Rules of Origin: A World Map and Trade Effects [R]. Inter-American Development Bank，2003.

[3] 李海莲，韦薇. 中国区域自由贸易协定中原产地规则的限制指数与贸易效应研究 [J]. 国际经贸探索，2016，32（8）：64－75.

[4] 张少华. 中国加入 RCEP 的贸易效应研究——基于原产地规则视角 [D]. 兰州财经大学，2023.

[5] 关税司原产地办公室. 原产地自主认证掠影 [J]. 中国海关，2011（09）：40－42.

[6] 范心怡. 贸易便利化视角下 FTA 原产地证明的贸易效应及对 RCEP 的启示 [D]. 北京：对外经济贸易大学，2022.

[7] 杭州海关课题组，王诗东，陈羡荣. 逆全球化背景下提高我国自贸协定（FTA）利用率的对策研究——以杭州关区进出口企业为样本 [J]. 海关与经贸研究，2019，40（05）：26－41.

[8] 自贸协定原产地声明规则研究课题组. 试论 RCEP 实施视域下我国原产地声明体系的构建与完善——以广州、深圳关区出口企业为样本 [J]. 海关与经贸研究，2021，42（04）：13－31.

[9] 吴方. 区域自由贸易协定原产地声明规则比较研究 [D]. 济南：山东大学，2018.

[10] Gavier P D，Verhaeghe L. The EU-Korea Free Trade Agreement：Origin Declaration and Approved Exporter Status [J]. Global Trade & Customs Journal，2012，7（7－8）：315－325.

[11] 吕建兴，陈青云，张少华. 原产地规则对中国 FTA 利用率的影响研究 [J]. 国际经贸探索，2023，39（01）：100－118. DOI：10. 13687/j.cnki.gjjmts. 2023.01.001.

[12] Estevadeordal A，Suwa-Eisenmann A. An Assessment of Rules of Origin：The Case of NAFTA [J]. The Origin of Goods：A Conceptual and Empirical Assessment of Rules of Origin in PTAs，2004.

[13] 张祎，钦晓霞. 中国外贸行业结构调整研究——基于比较优势与贸易条件的分析 [J]. 北方经济，2011（18）：41－43.

教学研究

研讨式教学法在国际海关组织系列课程中的应用

王春蕊

（对外经济贸易大学政府管理学院、对外经济贸易大学区域国别研究院）

摘　要：习近平总书记强调建设教育强国要把加快建设中国特色、世界一流的大学和优势学科作为重中之重。教育部也下发了全面提高人才培养质量，建设一流本科课程的实施意见。海关管理专业在建设国家一流专业的过程中，应重视专业课程建设质量。研讨式教学法在国际海关组织系列课程中具有较强的适用性，也有一些实施经验需要总结，并需根据课程要求和学生需求不断予以调整。应该特别注意研讨主题的选取、研讨过程的控制和学习动机的激励。在不同专业背景的学生和不同难易程度的选题间如何予以平衡，研讨时间长短如何控制以及参与程度如何提高等方面仍然有提升的空间。

关键词：研讨式；教学方法；海关专业；课堂教学

习近平总书记在 2023 年中共中央政治局第五次集体学习时强调："加快建设教育强国，为中华民族伟大复兴提供有力支撑"，明确"建设教育强国，龙头是高等教育""要把加快建设中国特色、世界一流的大学和优势学科作为重中之重，大力加强基础学科、新兴学科、交叉学科建设，瞄准世界科技前沿和国家重大战略需求推进科研创新，不断提升原始创新能力和人才培养质量。"教育部《关于深化本科教育教学改革全面提高人才培养质量的意见》（教高〔2019〕6 号）提出了激励学生刻苦学习以及全面提高课程建设质量的意见。教育部《关于一流本科课程建设的实施意见》（教高〔2019〕8 号）要求开展一流本科课程建设时，提出"改革方法，课堂活起来""强化课堂设计，解决好怎么讲好课的问题，杜绝单纯知识传递、忽视能力素质培养的现象"以及"强化师生互动、生生互动，解决好创新性、批判性思维培养的问题，杜绝教师满堂灌、学生被动听的现象"。

海关管理专业是比较典型的交叉学科和特色学科，以经济学、管理学、法学作为其学科基础。对外经济贸易大学海关管理专业于 2019 年入选北京市省级一流本科专业建设点，2020 年入选国家级一流本科专业建设点。"国际海关组织与公约协定"课程是对外经济贸易大学海关管理专业传统的专业选修课程，也面临着改革教学方法、提高课程建设质量的要求。研讨式教学法以培养学生自主学习能力和创新精神为目的，激励学生积极主动学习，强化师生互动和生生互动，能够提升课堂教学效果和人才培养质量。本文总结 10 年来在海关本科生以及研究生与国际海关组织相关的课程中实施研讨式教学法的经验，探讨进一步提升该教学方法实施效果的途径。

一、研讨式教学法在国际海关组织系列课程中的适用性

研讨式教学法源于德国，将研究和讨论相结合，在教师有限但有效的指导下让学生作为课堂学习的主体，强调“教育的最高目标就是激发主动性，培养独立性”，并逐渐成为欧美国家大学教育所普遍采用的一种教学方法。在中国，谢平仄（1988）教授和郭汉民（1999）教授比较早探讨在本科和研究生教学中实施研讨式教学法。21 世纪以来，很多高校教师对研讨式教学方法和教学模式的优势、适用性和效果进行了分析。

研讨式教学法的主要特点包括：第一，教学内容和研讨主题具有可研究性和讨论性，能够激发教师科研教学和学生学习探讨的兴趣；第二，教学组织突出师生互动和生生互动，师生共同研讨，教师在教学中处于引导、督促、评价的角色，突出学生在课堂中的主体地位；第三，教学过程需要整体控制和分阶段实施，保证学生积极充分参与，主动讨论和探讨问题，以此培养逻辑思维能力和创新意识。

从教学内容来说，“国际海关组织与公约协定”课程面向海关管理本科高年级学生，介绍世界海关组织、区域海关组织等国际海关组织，以及包括世界贸易组织在内的其他涉及海关制度国际协调的组织，这些组织制定涉及协调和简化各国海关业务制度的海关国际公约和协定，这些公约和协定中体现国际海关管理制度的一般原则及相关海关技术。该课程的教学目标是，通过教学使学生熟悉现代国际海关组织的管理范围、主要制度，探讨中国海关制度与国际海关规则的差异，拓展海关专业学生的国际视野和比较分析研究能力。鉴于该课程的内容紧密结合国际海关领域最新的公约、协定、规则、标准，以及正在探讨中的焦点问题，具有专业性、实践性、前瞻性的特点，研讨式教学法是比较适用的教学方法。除该课程外，更高层次的研究生课程，如“世界贸易组织与区域经济一体化”（海关管理专业科学硕士选修课）、“国际海关条约研究”（海关管理专业科学硕士选修课）、“海关与贸易便利化”（公共管理硕士国际贸易与海关管理专业选修课）也适宜采用研讨式教学法。另外，在进行一些海关官员的集中培训、商务部和贸促会等部门的涉外培训相关课程的讲授中，如“世界贸易组织与世界海关组织”“世界海关组织与国际海关制度”“入世与中国关税制度的调整”“贸易便利化国际规则与中国改革”等，也引入了研讨式教学方法，并获得了较好的反馈。

从教学组织上看，讲授本课程的教师都具有十几年以上的海关管理专业积累和教学经验，具有研究的广度和深度，以及对研讨主题和课堂氛围的把握能力，能够很好地引导和实施研讨式教学法；学生是已经有一定的专业基础和学习能力的本科高年级学生或研究生，能够进行中英文专业资料的检索、搜集、比较、分析，对研讨主题提出自己的

看法；学生主要是海关专业同一年级的学生，一定程度上熟悉和了解各自所长，能够共同合作和分工进行研究、讨论和课堂发言。

从教学过程而言，长达16至17周每周2课时的教学时长、线上线下的图书馆资源、融合各种教学手段的多媒体教室、实时互动和精准安排的教学支持软件以及微信群等社交平台，为教师对教学全过程的管理、控制、监督和评价，教师对学生的答疑、解惑、引导和激励，学生之间的小组建立、意见交流、研究推进、课堂呈现以及互动讨论，提供了时间上、空间上以及技术上的支持。

因此，研讨式教学法能够很好地与课程目标、内容以及教学主体相结合，在近10年的教学实践中也体现出了较大的优势和较好的适用性。

二、研讨式教学法在国际海关组织系列课程中的实施

研讨式教学常以“五步法”的形式展开：第一步，教师在进行必要的背景介绍和知识讲述后为学生布置选题，鉴于本科生选取“真问题”的能力有限，可由教师代为“提出问题”，更为具体的选题可以留待研究过程中聚焦和细化；第二步，学生3～5人结成一个小组，分组后选择感兴趣的题目进行课前准备，教师提供国际海关组织相关网站及相应公约协定文本，学生自主查阅相关文献及最佳做法，在组内充分讨论后形成展示文稿和初步报告；第三步，由小组代表在课上展示汇报，组内其他成员进行补充，教师和其他小组的学生进行提问与质疑；第四步，在教师的组织下，汇报小组和其他小组进行观点交流与辩论，最后由教师总结；第五步，各小组在课后根据课上与其他小组和教师的讨论，完善报告初稿，最后形成完整的主题报告。其中，各小组成员的工作量大小、课堂讨论的积极性、思考和发言内容的深度、最终版报告的质量等都可以作为学生成绩评定的依据。

结合这十来年本科和研究生专业选修课程实施研讨式教学法的经验，在国际海关组织系列课程实施研讨式教学法，应该特别注意以下几点。

（一）以教师为主体、学生参与确定研讨主题

“国际海关组织与公约协定”课程内容分为基础理论与概念、世界海关组织与海关国际公约、世界贸易组织及与海关相关的协定、区域性国际海关组织和协定等几个版块，研讨主题需紧密结合课程内容，并要有一定的前瞻性、可探讨性。

在开始引入研讨式教学法的时候，为锻炼学生的选题能力和提高学生的学习兴趣，由学生结成小组后在初步检索和研讨的基础上，根据教学内容和教师划定的范围自主定题。但最初的两轮实践过后，发现容易产生以下问题：一是容易出现论题撞车，几个小组选取相似的主题，而由于这门课程本身就专业性特别强，参考资料偏少，选择相似主题的小组之间发言有较多的重复内容；二是学生会倾向于选择“热门”和有较多文献支

撑的论题，如 WTO 项下中国参与的争端案件，对于一些较为冷门和专业性较强的论题特意避开，不利于掌握整体课程内容；三是学生选题囿于现有的研究文献，对文献进行一定的分析和总结，缺少自己的思考和深入的挖掘，对于创新性、批判性思维的培养帮助不大。

因此，结合本科生专业选修课程教学内容、国际海关制度的发展、中国海关相关的改革和应对，并考虑学生本身的基础和兴趣，由教师选定与课程各个内容版块相关的具有一定创新性的研讨主题，并在学生结成小组后，由组长抽签定下本组拟研究的主题，但允许对教师给与的论题进行一定的修改，缩小范围更为聚焦某个公约的附约或某些具体领域，如《京都公约》覆盖范围基本涵盖各种海关制度，其对中国海关法律制度的影响也有很多方面，允许小组集中于某一特定领域的海关制度，如通关管理制度，或者加副标题限定研究的地域范围或与某些特定国家的海关制度的比较与合作。通过这种方式结合对学生积极参与的激励措施，激发了每个小组在拿到“命题作文题”后深入研究的兴趣，积极认真地进行组内研究和讨论，充分进行研究报告文稿和展示文稿的准备，有助于取得预期的教学效果。

对于研究生层次的课程，则教师不直接限定选题，只是限定选题范围，由学生组成小组后先选定范围，在两周后，经过初步的资料搜集和文献分析，再定下具体的选题，经老师核定后进行下一步更为具体的研究和讨论。

（二）给与学生充裕的准备时间，跟踪每阶段的产出

在实施研讨式教学法时，要避免任务过重，时间安排不合理，以及过于重视最后课堂演示和讨论的偏颇。

在引入研讨式教学法的前两轮本科教学中，每个学生小组在整个学期中要就两个不同的主题进行研讨，一是造成了教师讲授时间的较大压缩，部分学生没能掌握基础和重要的知识点，最后期末考核时成绩不好；二是学生反映压力过大，任务过重，不能充分对一个主题集中精力进行研究。因此在后续的教学学期中对此进行了调整。对于本科生课程，只安排一个小组一次主题发言，并且公平起见，基本集中在两次课，组织所有小组进行发言和讨论。教师把整个研讨过程进行分解：开学第 2 周就确定小组名单，选出组长，领导小组整个研讨过程，并直接与教师对接，随时向教师汇报进展或提出疑惑要求解答；第 3 周各小组通过抽签方式选定研讨主题，并在初步研究后确定具体的研讨题目，于第 5 周上交研究提纲，经教师审核并提出修改意见后进一步深入讨论；第 8 周上交初步的研究报告，教师对其提出修改意见，如研究的内容、结构、方向、详略布局等，在小组内探讨对文字稿进行修改和补充；第 10 周上交修改后的文字稿和初步的演示稿，教师对于研究内容进一步进行指导，并对演示稿是否符合课堂展示的要求进行核定。在这期间，教师在课堂教学中以讲授为主，让学生充分掌握研究主题涉及的基础知识和基本规则，对学生研讨的指导和监控主要在课下通过教学软件、电子邮件、微信等实时交

互平台以及办公室答疑时间面对面答疑来进行。第 11 周和第 12 周进行各小组研究成果的展示与讨论，教师和其他小组对其发言内容提出问题和质疑，小组成员进行回答，如当时不能回答的允许其课后继续研究，在下一次课展示其补充研究的成果。第 13 周教师进行评价和总结，指出各小组研讨过程中的努力成果和共性问题，各小组的表现和优缺点，对学生研讨中哪个涉及专题没有研究到或研究不够深入的地方予以补充和深化。

对研究生相关课程来说，由于研究生在本科学习时专业不尽相同，能力存在差异，需要通过第一二次课充分了解学生的学业背景和相应的研究基础后，拿出更多课时来进行研讨。由于我校海关管理专业的研究生规模一直保持在 10 人左右，所以可把两次小组讨论改为一次个人研究展示和一次小组研讨，突出研究生个人能力的培养和个性化指导。个人研究由教师指定选题，把部分课程内容由教师讲授改为学生准备和发言，教师和其他学生进行提问由发言学生解答，教师对于不足的部分进行补充和提升。学生抽签决定主题，发言时间集中到两次课上，尽量照顾学生的学业背景和进展，以及考核和评价的公平，主要体现个人的研究分析能力和主观能动性。2～3 个研究生结成一个小组，小组发言分布在每个研究版块之后，研讨范围由教师指定，研讨主题由各小组具体确定，发言时间不同，但要充分调动其他小组对该论题的参与，也像本科教学似的进行过程控制，尽量引导各小组积极进行深入研究和前沿思考，促进研究能力和创新能力的培养和提升。

（三）激发和维持学生小组学习动机，考核评价多元化

学习动机是直接推动学生学习的一种内部动力。研讨式教学法采取分组学习模式，需要小组成员之间通力协作才能朝着教师预期的目标发展。小组任务完成的好坏、顺利与否也主要取决于成员对待学习的态度的好坏以及组长及成员彼此间的沟通、交流与配合程度的高低。因此，激发和维持小组的学习动机，让学生拥有强烈的求知欲和高涨的学习热情，促使成员心往一处想、劲往一处使，是保持课堂活力、有效实施教学、提升教学效果的内在驱动力。

在研讨式教学法的实施中，要求每个小组都要选举一个组长来统筹安排组内研讨活动，督促小组成员按时完成分配的研究任务，积极参与课堂展示、问答和讨论，提高小组的协作性和凝聚力。小组长随时向教师汇报进展或提出疑惑或不能解决的问题，便于教师随时掌握各小组研究进展情况，以及时答疑解惑。

在考核和评价中，给与研讨课时较重的占比，强调小组整体得分由所有成员的表现以及各个环节的阶段性成果和最终报告决定，包括资料准备的及时和充分、对基础知识的掌握程度、对知识的灵活运用程度，及学生的思辨能力、团队协作能力以及适度的创造能力等。

教师要善于从不同方面奖励学生。奖励可以是实物、可以是积分、可以是表扬，甚至是一句好评都可以让学生肯定自我价值，获得成就感、满足感和自豪感，从而激发成员对所在小组的集体荣誉感，增强小组的向心力，驱动任务更加高效地完成。还可以树

立优秀小组的典型，如及时提交准备充分的报告提纲、初稿和发言稿，小组成员配合默契、前后发言连贯对应，研究材料更新及时、内容深入有一定创造性，个人或小组积极参与其他小组主题发言的讨论等，使其起到榜样作用。

三、研讨式教学法的实施效果及改进空间

（一）从学生评教和专家评教得分看实施效果

在海关管理专业高年级本科生和研究生国际海关组织系列课程中引入研讨式教学法后，以及在不断的教学实践中按照学生的情况和需求进行调整，使得较为枯燥的专业课学习具有了一定的趣味性和吸引力，提高了学生的自主学习和创新能力。学生的信息收集分析利用、自主探究的能力也得到了显著提高。学生在各研讨主题中进行探讨式学习，主体身份得以重视和发挥。同时，学生的团队合作意识和沟通能力得到改善。在交流、讨论、互动探究的过程中，其沟通和协调能力得到锻炼，在主题研讨活动中收获了成就感和自信。主题研讨课堂及课前课后时间建立了开放、信任的氛围，培养起了新型自由交流式师生关系。通过主题探讨、网络和教学辅助等过程大大加强师生间的交流，在学生心目中树立博学的学者、公正的裁判、耐心的教师、亲密的朋友等多重角色，构建民主、平等、合作的师生关系，有利于课堂教学的深入开展。

通过10年来对外经济贸易大学教务处每学期进行的学生评教和专家评教，可以看到“国际海关组织与公约协定”课程的评分，除了2020年和2021年疫情期间压缩上课时间及部分采取网络上课影响了教学效果，使得评分稍稍低于90分（89分和89.5分），其他学期评分都在93分以上，如表1所示。在2022年秋季学期，学生评教分数更是高达99.5分，位于整个学院所有课程的前列。研究生专业选修课程“海关与贸易便利化”及“国际海关条约研究”学生评教分数也都曾位列所有研究生专业课程的前10%。本科生和研究生对课堂教学也基本都给予了肯定和积极的反馈。在小专业（本科生每年40人左右，研究生每年10人左右）背景下，每年相应的选修课程都能予以开设，也从侧面反映了该课程的口碑，以及学生们对该课程的认可。

表1　　近10年本科课程“国际海关组织与公约协定”评教得分

学年学期	调查对象	样本数	参评率	平均分
2014年秋季	学生评教	9	100%	96
2015年秋季	学生评教	35	100%	95.01
2016年秋季	学生评教	30	100%	93.33
2017年秋季	学生评教	24	90%	96.67
2018年秋季	学生评教	34	95%	94.76

续表

学年学期	调查对象	样本数	参评率	平均分
2019 年秋季	学生评教	34	95%	94.59
2020 年秋季	学生评教	22	85%	89.5
2021 年秋季	学生评教	28	100%	93.08
2022 年秋季	学生评教	15	75%	99.5
2017 年秋季	专家评教	1	100%	98
2018 年秋季	专家评教	1	100%	99
2019 年秋季	专家评教	2	100%	94.5
2021 年秋季	专家评教	2	100%	89

数据来源：对外经济贸易大学教务处教学评价平台。

（二）研讨式教学法实施的改进空间

总结学生和专家对于课堂评价的意见和建议，主要集中于以下几方面。一是有学生反映探讨任务还是比较重，特别是“国际海关组织与公约协定”作为海关专业的优势课程，在 2018 年后被引入全校选修课程“国际组织”版块，有一些外专业的学生对此课程感兴趣选修后，觉得非海关专业参与研讨比较困难。对此，在设计研讨主题的时候，一定程度上弱化了其过于鲜明的专业性。二是有专家建议，研讨课堂不要过于集中，可以一部分时间用于教师讲授，一部分时间用于小组发言，这已在研究生课堂中予以调整，但本科课堂，学生比较看重准备和发言时间的公平性，所以目前仍然采取集中发言和讨论的方式，但更注重了课堂管理和引导，以及督促学生参与其他小组的讨论。三是在课堂时间和氛围的把握上，有些小组发言时间较长，超过了预定时间，未及时提醒；有些小组发言后没有其他同学提问和讨论，造成了冷场。针对这些现象，一是教师在每个小组发言完成后都会予以提问，增加师生互动；二是在生生互动方面，拟借鉴有些高校教师的做法，增加学生互评的环节，由其他小组给发言小组打分和讲评，组长给组员打分等，避免冷场和搭便车的现象，以充分调动学生参与本组及其他小组研讨的积极性。

研讨式教学不仅可以作为一种教学方法，而且逐渐成为了一种高校普遍采用的教学理念和教学模式，但是要根据不同的课程要求和特点、授课对象的不同层次和专业背景，以及不断变化的研究重点和学生需求，不断予以调整和完善。

参考文献

［1］杨建华，井天军，温渤婴．德国高等院校研讨式教学模式及其启示［J］．中国电力教育，2013（25）：14－15.

［2］刘春芝，王天晓．美国高校学生创新能力培养及其对我国的启示［J］．教育理论与实践，2016（3）：15－16.

［3］谢平仄．研讨式教学法的探索［J］．学位与研究生教育，1988（2）：46.

［4］郭汉民．探索研讨式教学的若干思考［J］．湖南师范大学社会科学学报，1999（2）：108－111.

［5］樊树鑫．“研讨式”教学方法刍议［J］．教育实践与研究，2004（6）：57.

［6］杨旭．基于 MOA 模型的研讨式教学效果实证研究［J］．金融经济，2012（10）：104.

［7］刘伟．研讨式教学模式建构［J］．高等教育研究，2008（10）：65－67.

［8］唐淑艳．“研讨式”教学法在《公司法》教学中的应用探讨［J］．大学教育，2015（12）：55.

［9］覃遵跃，徐洪智，黄云等．“互联网+”环境下研讨式教学模式改革与实践［J］．计算机教育，2017（11）：99－102.

［10］刘晖．结构化研讨式课堂教学实践及其创新成效［J］．上海市社会主义学院学报，2019（5）：60－64.

［11］谢通慧，刘文彬，李永红，李德富，张永奎．专业选修课“主题研讨式”教学探索［J］．教育教学论坛，2020（6）：270－273.

［12］徐丽杰，高霞．研讨式教学在“西方经济学”课程中的应用研究［J］．黑龙江教育（高教研究与评估），2021（6）：47－48.

［13］陈辉．专题研讨法在硕博留学生文献检索实践课中的探索［J］．科教文汇，2021（23）：124－126.

［14］范一强，张懿奕．研讨式教学学生学业评价策略探析［J］．高教学刊，2022（3）：82-85.

［15］王祖山，姚欣雨．大学专业课研讨式教学选题：捕捉、检视与研究设计［J］．湖北文理学院学报，2022（5）：69－73.

［16］李慧．基于翻转课堂理念的研讨式教学法设计与实践——以财务管理课程为例［J］．商业会计，2022（13）：127－129.

［17］胥秋．基于翻转课堂的大学研讨式课程的设计与实施［J］．创新创业理论研究与实践，2022（11）：153－156.

［18］王俊．法学本科研讨式教学模式探索［J］．江苏第二师范学院学报，2023（4）：55－60.

因材施教导向下的海关课程融合创新研究[①]

——“海关史”引入“关税理论与政策”硕士课程的尝试

吕若思

（对外经济贸易大学）

摘　要：“关税理论与政策”作为海关管理专业的基础课程，贯穿本科、研究生与留学生硕士项目。为了满足不同层次学生的培养要求，本人遵循“启智润心、因材施教”的原则，尝试将“海关史”课程中关税史的部分内容引入“关税理论与政策”的硕士课程，以连续的中外关税史实取代零散的案例，嵌入关税理论模型的教学。在此基础上，按照学术型硕士与 MCA 项目硕士的不同要求，各有侧重地重新设计课程内容，设计课堂组织和检测形式，让两类硕士生在各自需求下更好地进行课程学习，同时接受潜移默化的思政教育，也促进了学生对海关专业知识的融会贯通，提升了人文素养。

关键词：因材施教；课程融合创新；新文科

引言

“关税理论与政策”作为海关管理专业的基础性课程，贯穿本科、研究生与留学生硕士项目的教学。同一门课，如何针对不同的学生层次，凸显各自的特点与深度；同时兼顾不同学科背景的学生，包括本科没有接受过海关专业训练甚至没有经济学基础的学生，以及海关本科直升而专业基础较强的学生。这不仅是课程建设的题中应有之义，也是面向不同学生群体教学时迫切需要解决的问题。在数年教学实践的不断摸索中，在与学生的不断沟通与反馈中，遵循习近平总书记“启智润心、因材施教”的教导，我结合本专业的课程设置与学生素质的实际情况，撷取“海关史”本科课程中的“关税史”部分，融入“关税理论与政策”的研究生课程，并针对学术型硕士项目与 MCA 留学生课程项目（Master of Customs Administration）进行调整，内容各有侧重，最终的课程融合创新成果较好地满足了不同层次学生的学习要求。

① 国家自然科学基金应急管理项目资助：“贸易壁垒风险对贸易的影响、机制与应对策略（子课题 2）”（72341010）。

一、研究背景

“关税理论与政策”作为本科课程，一直以来都是海关系的荣誉课程。其内容以理论经济学的国际贸易模型为主，结合财政学的相关内容，辅以关税政策沿革的实例，深浅得当，内容丰富，深受学生欢迎。但同样的课程引入研究生教学后却存在明显的问题。具体而言，在我承担该门课程的研究生教学工作后，发现对于学术型硕士，课程内容较浅。对外经济贸易大学作为211工程经济类高校，研究生录取分数一直较高，海关专业也属于我校特色，学生的本科基础较为扎实，接受能力强；更有三分之一为本校本系的本科生，本科期间已经修读过该门课程。在这种情况下，即使课程内容本身经过荣誉教师的多年打磨已经足够丰富，但就教学层次而言，还未达到、也无需达到学术型硕士的深度；完全重复的课程内容，亦容易引发厌学情绪。另一方面，对于MCA留学生硕士而言，绝大部分学生在本科时并没有接受过系统的经济学教育，甚至对数理知识感到抗拒与难以接受。这样，在经济学学科背景下的这门课程，即使大幅提升案例占比，并布置密集的课后作业帮助学生理解理论模型，也依然无法达到令人满意的教学效果。综合两类硕士学生的教学情况，硕士层面的关税课程创新迫在眉睫。

二、教学原则和思路

遵循“启智润心、因材施教”的原则，我的解决思路是，将经济学的理论性与海关专业的应用性相结合，同时尽可能多地采用我国的关税案例。就前者而言，海关专业的特点之一就是较强的实用性，与现实结合紧密。国际贸易理论模型虽然会帮助学生培养精细化思维的能力，但过多引入并不有助于海关专业知识的学习。此外，经济学的成熟理论需要经过时间检验，因而大多显得陈旧，与现实有脱节之感。引入海关史中的关税史部分作为背景知识有助于深化理论理解。

就后者而言，尽量多地引入我国的关税案例是经济学教育体系“去西化”的必经之路。MCA课程采用英语教学，更容易直接采用英美大学里经济学的经典课本。如果不是有意识地改变这一点，那么在最简单的例子里都是以美元为单位。曾有留学生反映，来中国学习美国的课本，中国特色的内容很少。而我们的大部分留学生都来自发展中国家，对中国如何走上今天的发展道路有着浓厚的兴趣。不论是出于国家资助留学项目本身的目的，还是从满足学生诉求出发，都应尽可能强化中国特色与中国案例。

（一）史论结合，建设跨学科的新文科

海关专业的硕士课程体系缺少“海关史”这一重要的基础课程。但研究生学制短、时间紧，在大量海关专业课程的填充下，能够自行阅读学习的海关史显得并没有那么

急迫。但除去海关本科专业的学生，海关史对于硕士生而言是一个相当陌生的领域。大多数学生除了开学前的预习书单，并不会专门阅读相关书籍。将关税史与关税理论相结合，节约了学生的时间，夯实了必备的基础知识，将史、论相结合，可谓一举多得。

（二）因材施教，按照学生特点改造课程

不同的学生诉求不同，培养目标也不同（龙翼飞等，2013）。对于学术型硕士，在保证海关专业较强应用性的前提下，需要体现理论训练的高度，并与本科课程形成差异化。所以，无论是对于海关史与政策沿革部分的内容，还是对于关税理论模型的部分，都要引入论文阅读与讲解——研究生之所以称为“研究”，就在于对其深入研究问题能力的培养。体现在教学上，便是用论文支撑课程内容，这是与本科最大的不同。

对于 MCA 项目的留学生硕士，则是在保证一定理论训练的前提下，体现专业特点与中国特色。鉴于绝大部分留学生的本科背景，在关税理论部分，需要从微观经济学基础讲起，简明扼要地帮助学生迅速建立起对于经济学理论的初步认知，并在一学期的学习后，能够运用到论文写作里。而在海关史与政策沿革部分，则会向学生重点讲述中国的关税史与关税政策沿革，在这些历史与现实故事里，嵌入相关的理论模型，帮助学生联系实际去理解理论。整体而言，可以说海关史为“体”，经济学模型为“用”。

（三）启智润心，思政教育如春风化雨

思政教育不同于教育思政（许硕等，2019），追求的是润物无声。生硬灌输会引起接收者的不适与逆反，客观陈述下辅以几句启发式的引导评述，反而能起到四两拨千斤的效果。历史则是最自然的思政教育，前现代时期我国精密的关税制度、丰富的史料对比中世纪西方，近代西方文明与井井有条的关税体系背后是对落后国家的残酷掠夺，清末民初的满目疮痍和英人把持的总税务司所形成的强烈对比、我国巨额关税的流失……无不是最有说服力的论证。

三、具体设计

（一）学术型硕士

1. 知识讲解

学术型硕士的“关税理论与政策”，以时间为经，依照关税的基础模型、古代关税史、中世纪关税史、近代关税史与当代关税分为五大章；以中、外为纬，每段历史都将中西方打通，对比阐述。在第一章的基础上，经纬交织间，不断延伸与丰富基础模型，将关税理论的其他模型逐次补充完整。终章里，会将课程中所有的关税模型单独陈列出来，

构成一个理论总要。

2. 练习与考核

（1）作业设计（占比 20%）

作业分为两类，一类是对关税模型的理解，另一类是论文阅读。前者属于认知类作业，即使模型本身对于学术型研究生来说难度不高，但因为模型种类较多，依然需要一定的训练来保证记忆。后者的任务量大，要求学生有较强的主动性，考查方式是下节课由教师针对所布置的论文内容提问，点名回答并计分。

（2）论文研讨设计（占比 20%）

学生需要按照课程内容找到一篇 SSCI 或者核心期刊的相关论文，精读后进行课堂展示，接受教师和其他同学的质询。旨在培养学生的自学能力与研究能力。

（3）期末考试设计（占比 60%）

期末考试设计为开卷考试，主要考察学生对关税模型的理解，兼顾标志性的关税史史实。题量设计较大，要求学生对关税模型熟练掌握。如果日常学习中仅仅是简单翻看，作业完成得不够认真，学生是无法在规定时间内完成所有考试题量的。如果说作业与论文研讨是对学生日常学习情况的督促与考察，期末考试就是对整个学习内容的检测，学生成绩的区分度主要体现在这里。

（二）MCA 留学生硕士

1. 知识讲解

MCA 留学生硕士的“关税理论与政策”，基本章节和安排与学术型硕士一致。不同之处在于：其一，留学生的理论部分较浅，理论模型较为简单，如删去了一般均衡的内容，删去了关税有效保护理论中的数学公式表述；其二，增加了我国经济类本科生的基础性常识，如历史背景知识、微观经济学的基本要素与分析方法、资本主义经济危机的一般表述等；其三，不采用论文研讨的方式，改为以学生课堂展示来初步考察其对经济理论模型的理解与运用；其四，期末采用论文考察，依然强调模型的理解与运用，一方面巩固课程内容的学习，另一方面帮助学生尽快熟悉研究生论文写作。

2. 练习与考核

（1）作业设计（占比 30%）

每周课程都会至少介绍一个关税模型，课后作业为阐述该关税模型，包括对其意义的理解与具体模型解释。对于大多数留学生而言，能够复述八成的内容就已经殊为难得。因此，每周持续性的练习，能给学生制造一定压力，督促其尽快熟悉经济学的学科特性，并帮助教师提升区分度。此外，作业也是期末论文考查的补充。

（2）课堂展示设计（占比 20%）

课堂展示的具体要求是：① 分为两部分，一部分为某一个关税理论模型，另一部分为该关税理论模型在具体国家政策上的体现，如产业政策等；② 鼓励介绍自己国家的关税制度与政策，作为课堂学习的延伸；③ 展示时需要回答教师的随机提问，以检验该生对于理论模型的理解程度；④ 所选取讲解的模型越难，基础分越高。

（3）期末论文设计（占比 50%）

期末论文的写作，教师除去课堂讲解，也会给学生提供一份文档，该文档为论文写作中常用到的技巧与工具；鼓励学生把期末论文当作毕业论文的预演，但并不能偏离课程内容。要求论文必须采用课程模型中的某一个作为理论基础，但因为重点考查学生对于理论模型的理解，所以对创新并没有严格要求，查重率在 30%以下即可。论文需要结构完整、逻辑通畅、格式规范，与常规论文考察的要求基本一致。

四、教学实践

（一）学术型硕士

1. 教学

在课程融合前的教学中，因为学生吸收速度相当快，课程量明显不足，只能由论文阅读补足。但关税在经济学论文中，通常仅是衡量自由贸易程度的量化指标，就关税本身而言，SSCI 和核心期刊上的相关研究并不多，更遑论纯粹的关税理论的应用。因而论文选择有限，经常存在难度过低或过高的情形，甚至不得不偏离章节内容。

课程融合后，首先反映在学习兴趣的明显提升上。师生间互动频繁，学生能较好地回应老师的问题，跟上教学思路。其次，论文选择的范围远较之前宽松，大量经济史论文进入视野，间接提升了学生对于本学科知识的融会贯通与人文素养。例如，在讲述晚清关税史时，课程引用《〈中国近代海关税收和分配统计：1861—1910〉税收统计补正》一文，学生不仅了解了历史与关税制度本身，还呼应了另一门“海关统计”的课程。

2. 论文研讨

论文研讨作为研究生学习阶段的重要方式，在本门课程中一直得到采纳，也受到学生的长期欢迎。课程融合后，可供选择的论文范围扩大，学生的研讨内容明显丰富起来，所选的期刊质量也显著提升，课堂学术氛围浓厚。此外，对于相对不擅长经济理论模型，但长于阅读文字与思考的学生，这一项能力考察是对期末考试的有效补充。

3. 期末考试

学生反馈期末考试的难度较大、内容较多。但从考试成绩来看，整体掌握情况都较好，达到了课程的教学目标。分数分布也基本符合正态曲线，体现出了区分度。

4. 小结

因为课程对于学术型研究生的要求较严格，学生面临的困难主要是对模型的熟练掌握，以及对论文的深入理解。教师面临的主要困难是课程融合的尝试刚刚开始，史料不够细致。但整体而言，课程融合的教学效果明显优于融合前，课程内容丰满，学生反馈积极。

（二）MCA 留学生硕士

1. 教学

课程创新融合前，留学生对于课程内容的接受度不高。初期简单的理论尚有兴趣，后期理论渐趋精细复杂，即使补充详细案例，同时教师采取密集微信辅导或者面谈解惑，一部分学生也始终无法跟上，每学期末均有不及格的学生。

课程融合创新后，理论模型的内容缩减了六分之一，但关税史与关税制度沿革增加了许多内容，课程容量较前密集。且作为案例，连续的历史比单一案例的内涵远为丰富，明显提升了学生的积极性与课堂参与度，学生发言踊跃，愿意提问与讨论。从思政角度来说，当讲到资本主义发达国家对于第三世界国家包括近现代中国的侵略与剥削时，学生表现出浓厚的兴趣。而从全球贸易与关税体系讲到区域经济时，“一带一路”的意义更好地凸显出来。

2. 作业

课程融合创新后，学生完成作业的积极性明显高于之前，包括提交作业的速度、与老师讨论的意愿、高分作业的比率等。尤其在对模型的理解上，虽然依然有学习困难的学生，但比率明显下降；而中等学生也能够对模型讲出一些自己的看法，并时不时有让人惊喜的亮点，提示学生确实在进行有效思考。

3. 课堂展示与期末论文

学生对于课堂展示非常积极，课前每位学生均与教师进行了沟通，讨论和修改 PPT。上课时学生自行举手上台演讲，回答教师提问。完成度不足的学生在课后被留下，给予他们机会继续与教师讨论解惑，理解关税模型。最终，每位学生都获得了不错的分数，还有几位成绩良好的同学询问教师，如何取得优秀。这些都体现了学生对课程的积极参与和认可，就留学生而言这一点更为珍贵。

期末论文的完成度较高，每位同学对关税模型均有一定理解，态度也较为认真。课程融合前，对理论模型始终无法理解的末位学生几乎采取了放弃的态度，而课程融合后在这一点上取得了明显改善。

4. 小结

学生面临的困难依然是对于理论模型的理解，但这一点取决于学生的本科背景与自身的努力程度，提升空间很小。对于关税史的引入，学生各方面的反馈都相当正面，显示出课程融合的初步成效。学生和教师共同面临的困难在于语言，即英语口语，包括理论模型里对概念的精细理解与历史名词的解释。往年的经验表明，英语较好的学生，对课程内容的理解速度和深度显著优于英语较弱的学生；但即使是英语较弱的学生，也能够通过阅读文字材料学习。因此，融合课程的英文课本极为重要。

结语

经济学的研究范式源自西方，经济学教育体系的“去西化”任重道远（余玲，2019）。在新文科建设的思路下，遵循“启智润心，因材施教”的原则进行课程的融合创新，也许不失为一条可探索的途径。将“海关史”中的关税史部分融入“关税理论与政策”的硕士课程，根据学生群体体现区分度，取得了初步成效，但还有大量提升空间。其一，课本建设与阅读材料的完善。相比采用数学语言的经济学，在引入历史叙述后，文字材料变得相对重要，教师需要为学习能力较强的学生提供课本与相关阅读书单。由于目前仍然采用数本现成教材各取章节拼接的形式，这一点仍需要数年来完善。其二，历史案例的细化。目前关税史与关税理论的融合主要停留在历史框架上，细致的历史资料会增添理论的实用性与趣味性，进一步提升学生的学习兴趣。其三，课程思政建设需要细致的工作。与第二点类似，价值观的构建有赖于细节，在微小处用心更容易引发学生共鸣，这也需要长期的积累。总之，这是一项令人振奋的尝试，将在教学实践中不断修正与改进。

参考文献

[1] 蔡小春，刘英翠，熊振华，等. 全日制专业硕士产教融合课程教学路径的案例研究——以上海交通大学为例 [J]. 高等工程教育研究，2019（02）：161－166.

[2]陈沛. 解构与重构:“新文科”视域下跨学科课程教学的创新理念与实践探索[J]. 黑龙江高教研究，2023，41（01）：156－160.

[3] 龙翼飞，胡林林. 中国人民大学法律硕士人才培养模式创新与实践——以“因材施教分类培养”为中心 [J]. 法学家，2013（03）：173－174.

[4] 戚良德，马玥. “启智润心、因材施教的育人智慧”文化内涵与价值意蕴 [J]. 中国高等教育，2023（20）：33－36.

[5] 曲建武，张淼. 高校思政课“沟通心灵、启智润心、激扬斗志”的三重维度 [J]. 中国大学教学，2022（12）：4－9.

[6] 韦春北. 把握好课程思政改革创新的四个维度 [J]. 中国高等教育，2020（09）：22－23.

[7] 许硕，葛舒阳. “思政课程”与“课程思政”关系辨析 [J]. 思想政治教育研究，2019，35（06）：84－87.

[8] 杨现民，米桥伟，张瑶，等. 数据智能时代因材施教的新发展：主要特征、现实挑战与未来趋势 [J]. 现代教育技术，2022，32（05）：5－13.

[9] 杨现民，张瑶. 教育规模化与个性化矛盾何以破解？——数据驱动规模化因材

施教的逻辑框架与实践路径［J］. 中国远程教育，2022（08）：42－52

［10］余玲，经济学教育体系“西化”替代可能性及发展路径探讨［J］. 当代经济·月刊，2019（08）：135－137.

［11］常耀信. 希腊神话、圣经故事及亚瑟王传奇：英美文学入门必读：英文［M］. 天津：南开大学出版社，2017.

海关法律

关检融合背景下海关法法典化研究

翟东堂　蒋汶轩

（对外经济贸易大学，天津海关）

摘　要：2018年，原国家检验检疫局与原海关合并为新海关，实现了关检合并。但关检合并只是原海关、原检验检疫人员和机构的合并，并没有关检融合，由此带来了几法并存且互不隶属的状况并在实践中产生了诸多问题。海关法法典化是实现关检融合进而解决问题的关键。本文旨在在关检融合的大背景下，从海关法的特殊性、综合性、现实性、涉外性等特性入手，通过对比分析各个法律中同一概念的不同延伸、关检合并前后海关权能变化，归纳关检合并后对于立法的新需求，进而探讨海关法法典化的必要性与意义，以《中华人民共和国民法典》与《欧盟海关法典》的立法经验为借鉴，从法典化立法结构、内容入手，指出法典化的形式与实践途径，进而提出关检融合背景下海关法法典化的立法建议。

关键词：关检融合；海关法；法典化；建议

一、引言

为促进贸易便利化，深化机构改革，党中央在2018年党的第十三届全国人大一次会议当中，提出了国家机构改革方案，通过并下发了《深化党和国家机构改革的方案》。方案中指出，将国家质量监督检验检疫总局的出入境检验检疫管理职责和队伍划入海关总署，原出入境检验检疫系统完全划入海关系统，共同以海关的名义行使职权，并且统一使用海关标识，统一海关着装，实行关检合并。关检合并只是原海关、原检验检疫人员和机构的合并，并没有关检融合，因为缺乏海关法规融合为标志的关检融合[①]，海关立

---

① 海关法有广义和狭义之分，就我国而言，狭义的海关法仅指海关法典，即《中华人民共和国海关法》，广义海关法既包括专门的海关法典，也包括《中华人民共和国进出口商品检验法》《中华人民共和国进出境动植物检疫法》《中华人民共和国国境卫生检疫法》等所有的海关法律、行政法规、海关规章、海关规范性文件，还包括各种法律、行政法规中涉及海关管理的所有规定。参见翟东堂所著《海关法新论》，对外经济贸易大学出版社2022年版第2页。

法的“系统性、整体性、协同性、时效性”不足[①]。

海关法法典化是海关法规融合的集中体现。关检合并之后，曾有过少数人探讨海关法法典化的问题。有人以秩序、效率为价值取向，以治理能力现代化为语境，分析海关法法典化的价值内核，进而探讨海关法法典化的实现形式。[②]有人从部门法律完备化及体系化需求的视角，建议制定真正意义上的法典化。[③]有人从海关行政法律体系的视角探讨海关法法典化。[④]有人从政治优势、现实需求、充分条件、重大意义、国内外立法借鉴、立法难度等方面，对我国编纂海关法典的可行性进行评估，并提出了设想和建议。[⑤]另有人提出，海关法法典化可充分借鉴《中华人民共和国民法典》编纂的思路和步骤，将海关法法典化的基本思路界定为编订纂修式性质的法典编纂。[⑥]鉴于海关法难以被研究显学的主流学界所关注，也谈不上是一门被学界认可的独立法学学科，专门研究和学习的受众人数极少，[⑦]探讨海关法法典化的人数更少。

与上述学界主张海关法法典化形成反差的是，我国的立法实践是排除海关法法典化的，这从以往和未来的海关立法可见一斑。2018 年关检合并之后，2021 年 4 月 29 日修正的《中华人民共和国海关法》并没有纳入检验检疫的内容，2021 年修正的《中华人民共和国进出口商品检验法》只是针对进出口商品检验。在全国人大常委会 2020 年至 2023 年立法工作计划中《中华人民共和国国境卫生检疫法》一直被列为初次审议的法律案，在全国人大常委会公布的 2021 年至 2023 年度立法工作计划中“关税法等税收法律”是初次审议的法律案，《中华人民共和国进出境动植物检疫法》是全国人大常委会 2023 年度立法工作计划的预备审议项目。2022 年海关总署发布的《中华人民共和国海关行政处罚裁量基准（一）（征求意见稿）》是适用于海关检验检疫案件及知识产权案件外的行政处罚，2023 年发布的《中华人民共和国海关行政处罚裁量基准（二）（征求意见稿）》仅适用于海关检验检疫的行政处罚。从中可以看出，未来海关法规不会融合，将长期存在着《中华人民共和国海关法》《中华人民共和国进出口商品检验法》《中华人民共和国进出境动植物检疫法》《中华人民共和国国境卫生检疫法》等几法并存且互不隶属的状况。从 2018 年至今，基本是原海关执法适用原海关法规，原检验检疫执法适用原检验检疫的法规。

---

① 党的二十大报告指出，“推进科学立法、民主立法、依法立法，统筹立改废释纂，增强立法系统性、整体性、协同性、时效性”。

② 童天骄．海关治理能力现代化语境下海关法法典化的价值内核与实现［M］//海关法评论（第 10 卷）．北京：法律出版社，2022.

③ 苏铁．我国海关法律法典化目标和模式探究——对主要经济体海关考察之镜鉴［M］//海关法评论（第 10 卷）．北京：法律出版社，2022.

④ 王传斌．新海关行政法律关系研究——兼论《海关法》修订及法典化［M］//海关法评论（第 10 卷）．北京：法律出版社，2022.

⑤ 韩昭纲．勇于探索，博采众长，编纂一部具有中国特色的海关法典［M］//海关法评论（第 10 卷）．北京：法律出版社，2022.

⑥ 陈晖．密涅瓦的猫头鹰应该这样再次起飞——写在 2021 年第十四届海关法论坛征文之际［M］//海关法评论（第 10 卷）．北京：法律出版社，2022.

⑦ 翟东堂．海关法新论［M］．北京：对外经济贸易大学出版社，2022：自序．

几法并存且互不隶属的状况无论在理论上还是实践中均会产生诸多问题，主要是海关立法的“系统性、整体性、协同性、时效性”不足问题。以法律适用为例，海关及其海关工作人员在履行监管、征收关税、查缉走私、海关统计等职能时，是否适用《中华人民共和国进出口商品检验法》《中华人民共和国进出境动植物检疫法》《中华人民共和国国境卫生检疫法》？海关及海关工作人员在履行检验检疫职能时是否适用《中华人民共和国海关法》？无论在理论上还是实践中，海关及其海关工作人员在履行监管、征收关税、查缉走私、海关统计等职能时，不适用《中华人民共和国进出口商品检验法》《中华人民共和国进出境动植物检疫法》《中华人民共和国国境卫生检疫法》。但从理论上来说，海关及海关工作人员在履行检验检疫职能时应适用《中华人民共和国海关法》，在实践中也确实适用《中华人民共和国海关法》的总则和执法监督部分，已把《中华人民共和国进出口商品检验法》《中华人民共和国进出境动植物检疫法》《中华人民共和国国境卫生检疫法》作为《中华人民共和国海关法》的特别法。实践中把《中华人民共和国进出口商品检验法》等作为《中华人民共和国海关法》的特别法的做法显然存在理论上的问题，因为《中华人民共和国海关法》和《中华人民共和国进出口商品检验法》《中华人民共和国进出境动植物检疫法》《中华人民共和国国境卫生检疫法》的法律位阶是相同的，不存在孰高孰低的问题，《中华人民共和国进出口商品检验法》等法不应作为《中华人民共和国海关法》的特别法。

为克服多法并存所带来的弊端，实现海关法制统一，由关检合并到关检融合，海关法法典化是必然选择。本文基于关检融合的背景，从海关法的特殊性、综合性、现实性、涉外性等特性视角分析海关法法典化的应然性入手，借鉴国外海关法典和国内相关立法，探究海关法法典化的结构，为今后可能进行的法律修订提供意见与参考，提高执法效率与执法精准度，给海关执法人员在执法过程中提供精准法律保障，帮助海关依法行政，落实主体职责。

二、基于海关法特性视角的海关法法典化应然性分析

从法律形式来看，并无证据证明法典与单行法这两种形式之间存在优劣之分。但是，当我们将视角聚焦于某一部特定法律的时候，就会完全不同。[①]如果一部法律更适合法典的立法形式，我们却将其法律形式确立为单行法，那么这种立法就会是错误的或者说是有缺陷的，因为我们本可以选择一个更优于此立法的形式。从上面分析来看，海关法典只可能是海关法律的应然形式。要确定海关法律是否应当进行法典化，我们就必须从海关法自身的特性即本体论角度，以及社会需求即价值论角度这两方面对其进行考量。

① 陈景辉. 法典化与法体系的内部构成［J］. 中外法学，2022（5）.

（一）海关法的特殊性

法典的对立面是单行法，法典形式是一部法律规范或者一个法律规范集合的法律形式的应然表现方式，即一部法律应然表现为部门法或者单行法二者之一。那么，要确定海关法的应然形式就应当先从本体论的角度对其进行审视。海关法相比于其他的一般性法律，在属性上具有其独特性。首先是空间概念上的适用范围，一般法律调整的是我国国境内的各类事项，而海关法调整的是关境内的各类事项，二者在空间上来看存在着很大的不同。以关境为调整范围而非国境就会导致海关法在实际运行的过程中会存在各种与外界的交互以及其本身内部各个法律规范之间的交互，例如进口转关运输的征税与监管问题，涉及不同属地海关的权责交互，在缉私过程中的登临权和紧追权也与国际法内容紧密关联。从这方面来看，海关法的特殊性将使得其在实际运行过程中产生诸多内部与外部交互，因而极可能需要构建一套完善的法律渊源体系，同时在内部形成一套具有紧密内在联系以及一致性的规范。[①]从这一角度来看，单行法的立法形式显然难以满足其需求，因而若采用单行法的立法形式，那么其立法形式将存在缺陷。因而从这方面看，海关法的应然形式应当是法典而非单行法。

（二）海关法的综合性

从内容上看，广义的海关法是公法与私法的集合，以及程序法与实体法的集合。前者具有代表性的有海关事务担保制度，是明显的混合型的法律。[②]后者则是体现在海关法规定的内容当中，既有各项海关制度中海关和相对人之间的权利和义务的实体性规定，又有如何保障其实现的程序性规定。[③]同时，广义的海关法的中心主体——《中华人民共和国海关法》从部门法上来看是典型的行政部门法，但海关法却并不仅仅局限于行政法。海关享有监管、征税、缉私、统计、查缉走私、检验检疫以及自身内部管理等多项职权，因而海关法以行政法为主，但其在调整时定还会涉及到诸多的其他部门法。例如《中华人民共和国关税条例》属于经济部门法，而关检融合后纳入广义海关法范畴的《中华人民共和国检验检疫法》更是涉及到了刑法、自然资源与环境保护法、诉讼与非诉讼程序法等部门法。此外，海关还负责参与到缉私工作当中，缉私工作也很大程度上涉及到了宪法、刑法等相关部门法。而这些法律彼此之间也相互联系，相互配合。例如《中华人民共和国海关法》的第二章赋予了海关对进出境运输工具进行监管的权力[④]，而也由此，在关检合并后的实际执法过程中，海关得以有权对出入境运输工具实施检疫，而不会因

① 孙光宁. 法典化时代法律渊源体系的建构［J］. 社会科学战线，2023（1）.

② 俞琦. 我国海关事务担保法律规制研究［D］. 重庆：西南大学，2017.

③ 翟东堂. 海关法新论［M］. 北京：对外经济贸易大学出版社，2022：3.

④ 《中华人民共和国海关法》第 14 条 进出境运输工具到达或者驶离设立海关的地点时，运输工具负责人应当向海关如实申报，交验单证，并接受海关监管和检查。

与《中华人民共和国进出境动植物检疫法》中所规定的主体不符[①]而无法进行检疫工作。同时，海关法也与其他法律存在各种交互与联系，比如缉私过程中就涉及与《中华人民共和国刑事诉讼法》的交互[②]。

从这一角度上来看，海关法是一部综合性非常强、涉及范围非常广泛，与其他社会正式、非正式规则密切相关的综合性的法律，并且其内部的法律之间联系紧密，各种概念相互交叉。那么，当我们从本体论上审视海关法法典化这一议程的时候就不难发现，海关法具有完备的体系性；同时，海关法内部各个法律之间的概念一贯而成，例如进出口货物、进出口物品、进出境运输工具等概念应当保持一致性。因而，从海关法的综合性来看，海关法的立法结构特质赋予了其进行法典化的应然性。

（三）海关法的现实性

从当前的现实来看，当前的海关法因为各个法律采用单独法的形式，并且部分法律立法时间距今已经较为久远，部分法律之间立法不具备内在的联系性，相互之间存在不一致，从而导致在关检合并后，海关法已难以再充分满足我国日益发展的国际贸易的法律保障需要。

从典型的情况来看，例如，《中华人民共和国海关法》将货物与物品进行了准确、清晰的划分，货物是进出口的以购买、使用、出售等交易目的的物件，而物品则是个人所携带或邮递的仅作为个人使用的，不会用于交易的物件。在关检合并后，海关法的概念范畴内增添了《中华人民共和国国境卫生检疫法》等原属于检验检疫机构的执法依据的法律规范。然而这些原检验检疫相关的法律其对于货物与物品的规定却十分混乱，存在着将货物与物品两个概念混合起来进行使用的现象。[③]这种概念的不清晰极容易在执法过程中产生混乱，或者产生执法纠纷。同时，不同法律可能对同一行为有着不同的处罚标准，这就会导致执法上的混乱，这一现象从下面的案例可见一斑。

案例：2019 年，某公司向海关申报进口一批货物，申报商品编码为 3907991090，无检验检疫类别，而经海关核实，该批货物实际商品编码应为 3907999990，检验检疫类别为 R/S。该公司此时已经构成了违法行为，但是在适用法律上却产生了混乱。依据《中华人民共和国海关行政处罚实施条例》，该行为属于隐瞒申报进而干扰海关监管事务，需要处以警告或处 1 000～30 000 元的罚款。然而根据《中华人民共和国进出口商品检验法》，

---

① 《中华人民共和国进出境动植物检疫法》第 34 条　来自动植物疫区的船舶、飞机、火车抵达口岸时，由口岸动植物检疫机关实施检疫。发现有本法第十八条规定的名录所列的病虫害的，作不准带离运输工具、除害、封存或者销毁处理。

② 《中华人民共和国海关法》第 4 条　国家在海关总署设立专门侦查走私犯罪的公安机构，配备专职缉私警察，负责对其管辖的走私犯罪案件的侦查、拘留、执行逮捕、预审。海关侦查走私犯罪公安机构履行侦查、拘留、执行逮捕、预审职责，应当按照《中华人民共和国刑事诉讼法》的规定办理。

③ 《中华人民共和国国境卫生检疫法》第 4 条　入境、出境的人员、交通工具、运输设备以及可能传播检疫传染病的行李、货物、邮包等物品，都应当接受检疫，经国境卫生检疫机关许可，方准入境或者出境。具体办法由本法实施细则规定。

却要处以没收违法所得并处货值5%～20%的罚金。但是根据一事不二罚的原则，若同时依据此两部法律进行处罚，显然有损公平原则，因此，需要准确区分此案例当中的违法行为在进行行政处罚的过程中所适用的竞合种类，确定处罚的标准。因为二者的规定之间存在一定的重复，导致执法过程中产生了极大的不便，降低了执法效率，提高了执法成本。

因此，自从2018年关检合并后，学界指出现行海关法存在着种种问题，已经难以适应海关的执法需求以及我国的进出口贸易的发展了，因而纷纷提出了要进行法律制度上的完善与改革。部分学者指出可以参照民法典的立法过程，进行海关法的法典化立法。

（四）海关法的涉外性

海关法的涉外性表现为两方面：一方面海关法律关系的要素中具有涉外因素，如海关管理相对人有包括外国人、无国籍人、外国企业和组织在内的所有进出边境的人员和组织；海关监管的货物、物品、运输工具包括属于外国人、无国籍人、外国企业和组织在内的所有进出边境的货物、物品、运输工具等。另一方面，海关法规定的内容反映国家经济政策、关税政策和海关法的执行，影响到国家对外经济关系。正是从这层意义上讲，可以把海关法看作是我国涉外经济法的组成部分。[①]海关法的法典化，不仅有利于实现海关法制统一、加快全面依法治国、推进法治中国建设的实现进程、提升海关法制领域治理的法治化水平，也有利于开展国际海关法领域的对话，对外维护法治国家和法治政府形象，最终提升代表软实力的国家法治形象。

综合上述的海关法的特征，我们不难发现，无论从本体论还是价值观论来看，海关法的法典化都依然具有了应然的趋势，海关法法典化的工作已经势在必行。

三、国内外法典的比较与借鉴

立法活动不能闭门造车，应适当地吸取各种优秀法典的立法经验，才能避免陷入各种误区。因此，要提出海关法法典化的立法建议，应对国内外法典的立法经验进行比较与借鉴。

（一）国外海关法典的借鉴

从海关法法典化角度来看，许多国家已经完成了对自身海关法的法典化工作，其中具有代表性的有《欧盟海关法典》《法国海关法典》《美国海关法典》等。尽管我们不能重蹈北欧某些国家的失败法典化尝试的覆辙，盲目地吸取某一国的法典化的结构内容作为本国的法典化的全部内容，但是在经济全球化的潮流之下，因为各国海关之间的状况

① 翟东堂. 海关法新论［M］. 北京：对外经济贸易大学出版社，2022：4.

逐渐趋向一致化，所以在海关法法典化的过程中，仍可适当吸取其立法的精髓所在，结合双方的状况来加以参照。

首先是《欧盟海关法典》的结构借鉴。《欧盟海关法典》的立法结构与我国的《民法典》的结构大致相同，在第一编当中明确地给出了本法的各个准则与标准，随后的内容均建立在总则给出的标准准则之上，这样更有利于把握之后各法条的核心意思，同时在与其他法律产生冲突时，第一编总则的编写准则更能够协助解决法律上的冲突、不一致等问题。同时，除却第一编总则当中确立的各条准则之外，还对适用范围、相关概念进行了界定与定义。随后的法条当中的名词释意均以总则当中的定义为准，具体有变更的，也应当在总则定义的基础之上进行改变。参考《欧盟海关法典》做出定义的统一，能有效地解决我国海关法自 2018 年关检合并后因法律依据增多所产生的定义之间的混乱，避免相互不一致，解决执法过程混乱等的现象。因此，我国的海关法的法典化编纂过程中，也可考虑采用这种结构，在第一编总则当中就海关法典的相关准则以及法典内涉及到的相关概念进行确定与定义。

其次是关于内容的借鉴。海关基本职能之一就是征税，关税征收是海关事务当中极其重要的一部分，《欧盟海关法典》采用整个第二编对关税相关的内容进行了规定，结合了《共同关税税则》、进出口商品归类、原产地确认等内容，涵盖了税则、商品归类、原产地规则等规定。同样，《法国海关法典》也采用了一整章的内容来规定关税细则。目前，我国的《海关法》当中，仅对征收关税大概事项进行了规定，具体的征收依据是《中华人民共和国进出口关税条例》《中华人民共和国关税细则》《中华人民共和国海关进出口货物商品归类管理规定》《中华人民共和国进出口货物原产地条例》等规定。关税按照《中华人民共和国进出口关税条例》这一行政法规征收，违反税收法定原则，不符合法治的要求。税收法定原则是现代国家的一项重要宪法原则，2015 年修改的《中华人民共和国立法法》第 8 条明确了该原则。[①]上述所提到的法律均在关税的领域内，对关境内的进出口行为进行了规范，在广义的海关法的定义当中，也属于海关法的范畴，其内容与海关法一贯相承，是海关法内容的重要组成部分。因而，在海关法进行法典化的过程当中，应当将其作为法典的一部分，单独列章将其纳入到海关法典当中。

除关税内容之外，《法国海关法典》就海关的行政诉讼相关内容在第十二编进行了专门的规定。《欧盟海关法典》以及《美国海关法典》还就国家安全如保密信息、主动披露单独列章进行编写。美国海关还涉及到边境保护职责，而中国相关责任多由边防机关负责，具体编写过程中是否参照国外加入这些内容还需在立法过程中进行评估审视，但可以将此作为借鉴。

① 该条规定，税种的设立、税率的确定和税收征收管理等税收基本制度只能制定法律。

（二）国内相关立法的借鉴

《中华人民共和国民法典》是我国目前唯一以法典命名的法律。从法律结构上来看，民法典采用了总分的法律结构，先对总则进行编写，随后再依据总则对分则进行编写。总则通过归纳原法律的共同性对前提性和一般性的民法规则进行规定，这样即有效地避免了随后分则编写的混乱以及重复性复述[①]。总体而言，总编起到了基础性、统帅性的作用。回归到海关法的法典化，民法典内容上的综合性与海关法内容上的综合性十分类似，且都涉及大量的基本规则以及定义。因而，民法典的优秀立法经验应当成为后续类似法律修订的参考。海关法在进行法典化的修订过程中也可以参照民法典采用总分的法律结构，即采用总则＋分则的形式。

从立法的手段上来看，海关法也可参考民法典的立法手段，即采取提公因式法以及两步走的立法策略。所谓提公因式是指通过总结提炼需要进行法典化的法律资源的相同点、共通点，将之汇合整理到一处，进而形成具有内在联系性以及整体性的法典。至于两步走的立法策略，即先编写一个法典总纲，随后根据总纲以及实际需要编写后续的分纲。海关法内容上较为综合杂糅，但各个内容之间却又相互关联，存在一定的密切联系，因此，可以在立法的过程中先对《中华人民共和国海关法》《中华人民共和国进出口商品检验法》《中华人民共和国进出境动植物检疫法》《中华人民共和国国境卫生检疫法》《中华人民共和国关税条例》等一系列划入海关法法典化工作的法律进行提取公因式，总结出一套通行的海关法的具体准则以及相关定义，随后，根据实际需求以及法律内容将内容分章进行编写，最终形成一套内容详尽、内在统一的分则。

从立法内容上看，海关法典在立法过程中还应当充分吸收即将出台的关税法的相关内容。关税法作为横跨海关与税收两大领域的法律，其主要部分依然应当归属于海关。因此，在法典化工作过程中，海关法应当仍是统领关税法、进出口商品检验法、国境卫生检疫法、进出境动植物检疫法等各个子部门的总法。[②]关税法作为重要的内容之一，应当充分纳入到海关法典当中，因此，在进行海关法法典化的过程当中，可以充分发挥立法资源节约的原则，利用好即将颁布的关税法及其修订的内容。例如，可以将关税法的内容单独列出一章，然后再对其尚未囊括的相关内容进行补充，进而形成一整章完整地规定关税的内容。

四、海关法法典化结构建议

在对相关法律的法典化经验进行总结借鉴后，就可以回归到海关法法典化的议程当

① 孙宪忠. 民法体系化科学思维的问题研究［J］. 法律科学（西北政法大学学报），2022（1）.

② 张雨桐，刘达芳. 未来海关法律体系架构探析［J］. 上海法学研究（集刊），2020.

中，下面将基于以上的论述，对海关法法典化的结构提出一定的建议。

首先，根据上述想法，修订的海关法典在结构上应主要包含海关法总则与海关法分则两大主要结构。总则起到基础性、总领性的作用。对总则的编写是海关法法典化最主要也是最重要的任务之一。

本文提出设想，总则统领整个法典，作为法典的第一章。第一章应当包含以下内容：首先是规范法典的适用范围、确定海关的职能以及确定各种相关词语的定义。这些定义将贯穿整个法典，法典中所有分则的法条中所提到的相关词语的定义均以总则中的定义为准。其次是确定基本的相对人以及主体的权利与义务，这些权利与义务是最基本、最基础的权利与义务，后续分则的规定应是总则当中权利与义务的衍生、拓展而非再造。

而后是分则。分则涉及各种各样的内容，同时分则的内容多样复杂也决定了海关法典将不可能是一部封闭的法典，而应当是一个动态的、开放的法典。分则应当是随着进出口贸易发展以及国际条约的签署定时进行修订与更新的。本文建议从基础的制度入手，由浅及深、由普遍至特殊、由传统到创新，确定分则的大致框架。

第二章是分则的第一部分，税则的前几部分建议按照监管、征税、缉私、统计的海关基本职能进行划分。因此，这一部分建议确定海关监管的基本监管职责，应当囊括以下内容：海关监管的权利、义务、行政相对人的权利与义务，确定进出口货物、进出境物品、进出境运输工具的监管内容，包含报关、清关、结关等一系列连贯流程的规定。

第三章是分则的第二部分，这一部分应当确定关税的相关规定。在这一部分，将分为多节，囊括进出口商品关税管理的规定、关税税则、商品归类、原产地规则、海关估价等内容，除此之外，还应包含退税、补税、减免税等规定。在关税法颁布后，可以适当地利用好已有的法律资源。

第四章对应的是海关四大基本职能的缉私部分。这部分包含海关在缉私工作中的责任、权力。其中会涉及到其他法律，例如，登临权、紧追权可能涉及国际法，对走私人员的处理可能涉及到刑法等等。这一部分应当充分表现出海关法典的开放性，可以将相关的条文引向相关法律，例如“具体实施方法参照最新版《中华人民共和国刑法》”等等。

第五章的内容则是对海关统计的原法律进行整合修订后形成的具体的海关进行统计工作的具体规定。

第六章承继关检合并后新增的检验检疫法律。这一部分将对海关以及行政相对人就检验检疫相关的权利与义务作出规定，同时对各类事项进行详尽的规定。

第七章则对海关担保进行界定。划定各种条件、权利与义务，对各类规定进行详细地编纂。

第八章则是对特殊监管程序进行立法管理。这一部分应当包含绝大部分现行的特殊监管程序，囊括：转关运输、海关保税仓库、自由贸易区、保税加工区、暂时进出口等特殊监管制度、程序。

第九章及第十章的内容则待定，第九章计划编写行政复议、行政诉讼等救济程序的相关规定，第十章则是主动披露、保密信息披露等国家安全相关的制度。以上两章内容由于涉及内容较新或者相关联法律较多，应当在立法过程中适当对其进行审视，然后再决定是否加入这两章。

结语

从海关法的特殊性、综合性、现实性、涉外性等特性来看，海关法进行法典化具有应然的趋势。从几法并存且互不隶属的状况所带来的无论是理论还是实践中的诸多问题看，当前的海关法已经亟需进行法典化立法。通过结合优秀的国内法立法经验，对海关法法典化进行前瞻性研究，具有重要的理论和实践意义。笔者坚信，在不久的将来，海关法将迎来其法典化的立法，以更好的姿态为我国国际贸易的发展提供法律支撑，促进对外经济贸易交往，营造更好的营商环境，推动外贸高质量发展，尽快实现“坚持全面依法治国，推进法治中国建设”的战略目标。

参考文献

［1］陈晖. 密涅瓦的猫头鹰应该这样再次起飞——写在 2021 年第十四届海关法论坛征文之际［M］//海关法评论（第 10 卷）. 北京：法律出版社，2022.

［2］陈景辉. 法典化与法体系的内部构成［J］. 中外法学，2022（5）.

［3］韩昭纲. 勇于探索，博采众长，编纂一部具有中国特色的海关法典［M］//海关法评论（第 10 卷）. 北京：法律出版社，2022.

［4］苏铁. 我国海关法律法典化目标和模式探究——对主要经济体海关考察之镜鉴［M］//海关法评论（第 10 卷）. 北京：法律出版社，2022.

［5］孙光宁. 法典化时代法律渊源体系的建构［J］. 社会科学战线，2023（1）.

［6］孙宪忠. 民法体系化科学思维的问题研究［J］. 法律科学（西北政法大学学报），2022（1）.

［7］童天骄. 海关治理能力现代化语境下海关法法典化的价值内核与实现［M］//海关法评论（第 10 卷）. 北京：法律出版社，2022.

［8］王传斌. 新海关行政法律关系研究——兼论《海关法》修订及法典化［M］//海关法评论（第 10 卷）. 北京：法律出版社，2022.

［9］俞琦. 我国海关事务担保法律规制研究［D］. 重庆：西南大学，2017.

［10］翟东堂. 海关法新论［M］. 北京：对外经济贸易大学出版社，2022.

［11］张雨桐，刘达芳. 未来海关法律体系架构探析［J］. 上海法学研究（集刊），2020.

涉税贸易瞒骗行为的法律责任重构及海关法修改建议

林　倩　刘长新
（北京德和衡律师事务所）

摘　要：跨境货物贸易中，海关依据税则税率和货物价格对进出口企业征收关税、增值税和消费税等，如果企业虚假申报货物价格、原产地和商品名称等，导致偷逃国家税款，则构成“贸易瞒骗”行为。法律应当如何适度惩戒“贸易瞒骗”偷逃税的行为？我国现行法律虽然没有“贸易瞒骗”的概念，但《中华人民共和国海关法》第 82 条规定的走私行为，以及《中华人民共和国刑法》第 153 条规定的走私普通货物罪，均包含“贸易瞒骗”的内容，即将瞒骗海关偷逃税款与偷运货物入境偷逃税款的行为，一律认定为走私普通货物，予以相同的处罚。笔者认为，“贸易瞒骗”行为性质不同于秘密偷运走私，但现行法律规定将“贸易瞒骗”等同于走私，处罚过于严苛，应将“贸易瞒骗”从走私犯罪中分离出来，并参考《中华人民共和国税收征管法》和刑法对逃税罪的处罚规定，借鉴境外典型国家对“贸易瞒骗”行为的处理方式，对我国海关法第 82 条和刑法第 153 条的走私条款予以重新界定和修改，纠正“贸易瞒骗”行为过罚不当的司法现状。本文从“贸易瞒骗”与跨境偷运走私，“贸易瞒骗”与国内逃税行为，以及“贸易瞒骗”与国外贸易欺诈行为等三个维度，通过“贸易瞒骗”法律责任的比较分析，提出对我国现行法律的修改建议。

关键词：贸易瞒骗；偷逃税款；走私普通货物；法律责任

一、涉税贸易瞒骗行为的概念和处罚现状

本文所说的“贸易瞒骗”，不是指贸易主体之间商业上的相互欺诈，而是指进出口贸易主体瞒骗海关偷逃税款的行为。贸易瞒骗是进出口贸易活动中的老事实，但又是一个新概念，现行的海关法律和刑法条款对贸易瞒骗没有相应的界定，海关法律理论也较少涉及这个概念，但贸易瞒骗的事实一直存在于进口贸易活动中。我国海关法律理论、海关行政执法和司法审判实践，一直将其与走私普通货物混为一谈，贸易瞒骗和走私行为

的法律责任从未被区别对待，导致司法实践中的“过罚不当”现象长期存在。

（一）涉税贸易瞒骗的概念

涉税贸易瞒骗行为，是指商业主体向海关申报货物进出口，故意提交虚假贸易单证或者向海关虚假陈述，通过伪瞒报货物价格、数量、商品名称和原产地等涉税要素，偷逃国家税款的行为。

涉税贸易瞒骗的主要行为特征：（1）主观上故意伪报或者瞒报涉税要素，如低报进出口货物的交易价格、少报数量、伪报原产地和商品名称，其中，价格、数量与税基有关，原产地、商品名称与税率有关，伪瞒报上述要素，目的在于偷逃国家税款；（2）客观上实施逃避海关监管的行为，商业主体向海关提交虚假的贸易单证，如提供了标有货物交易价格、商品名称的虚假贸易合同和商业发票，提交虚假的原产地证书和商检证书等；（3）主要目的是偷逃国家税款，商业主体实施瞒骗的主要目的是少缴税款，包括进出口货物的关税、增值税和消费税、反倾销税以及贸易摩擦的惩罚性关税等；（4）经过海关通道申报进出境，商业主体不向海关申报，直接从边境或者海上绕过海关通道偷运进出境的，是走私行为，不是本文所述的贸易瞒骗范畴。

（二）对涉税贸易瞒骗行为的处罚现状和相关法律规定

涉税贸易瞒骗行为，我国目前的海关法、刑法和对外贸易法等法律框架没有对其进行单独的评价和规定，而是在走私行为或者走私犯罪的法律条款之中予以规定。现行法律将涉税贸易瞒骗等同于走私行为，依法追究相应的行政法律责任或者刑事法律责任。司法实践中，我国每年办理的 5 000 多起走私犯罪案件其中有一半左右的案件，都是涉税贸易瞒骗性质的走私普通货物案，而且大部分是单位犯罪。

根据我国刑法第 153 条的规定，走私普通货物的刑事责任轻重，主要取决于偷逃税款多少，偷逃税款越多的，刑事责任也越重，偷逃税款越少的，刑事责任就越轻。刑法第 153 条的具体规定如下：

“（一）走私货物、物品偷逃应缴税额较大的，处三年以下有期徒刑或者拘役，并处偷逃应缴税额一倍以上五倍以下罚金。

“（二）走私货物、物品偷逃应缴税额巨大或者有其他严重情节的，处三年以上十年以下有期徒刑，并处偷逃应缴税额一倍以上五倍以下罚金。

“（三）走私货物、物品偷逃应缴税额特别巨大或者有其他特别严重情节的，处十年以上有期徒刑或者无期徒刑，并处偷逃应缴税额一倍以上五倍以下罚金或者没收财产。”

上述走私普通货物罪的规定，只有罚责，没有罪状，具体的违法构成参见海关法第 82 条的规定：

“违反本法及有关法律、行政法规，逃避海关监管，偷逃应纳税款、逃避国家有关进出境的禁止性或者限制性管理，有下列情形之一的，是走私行为：运输、携带、邮寄国家禁止或者限制进出境货物、物品或者依法应当缴纳税款的货物、物品进出境的。”

（三）涉税贸易瞒骗行为的几种类型

主权国家对货物进出本国关境，根据本国国情制定相应的贸易政策和关税税率，发达国家自由贸易程度较高，关税税率较低，发展中国家自由贸易程度较低，关税税率较高。我国近年关税税率逐年下降，2023 年，我国平均关税税率是 7.3%[①]。进出口企业向海关缴纳税款的多少，取决于进出口货物的交易价格、数量和商品税率，商品税率取决于商品原产地和税则号列。所以，低报价格、少报数量、伪报原产地和伪报商品名称税号，是涉税贸易瞒骗的主要行为方式。

1. 低报价格的贸易瞒骗

价格瞒骗是贸易瞒骗最常见的一种方式，世界各国贸易瞒骗案例中最常见的也是价格瞒骗。所谓价格瞒骗，是商业主体隐瞒真实的进出口货物交易价格，制作虚假的商业发票或者贸易合同，向海关申报一部分交易价格，另一部分交易价格未向海关申报，达到少缴税款的瞒骗行为。

2. 少报数量的贸易瞒骗

故意隐瞒一部分进出口货物数量不向海关申报，或者将一种货物藏匿于另一种货物之中不向海关申报，用虚假的商业发票或者其他虚假的申报文件提交给海关，或者进行其他方式的虚假陈述，仅缴纳申报部分税款，偷逃未申报部分税款的瞒骗行为。

3. 伪报原产地的贸易瞒骗

原产地是一种很重要的跨境贸易要素，我国与很多国家签订了双边或者多边的自由贸易协定（Free Trade Agreement，简称“FTA”），如《区域全面经济伙伴关系协定》（RCEP）、《亚太贸易协定》（APTA），一个企业进口原产于这些协定成员的货物，进口申报时提交原产地证书或者原产地声明，可以享受优惠的关税税率。但是，如果企业向海关提交了虚假的原产地证书，或者原产地证书是从非法途径获得，导致偷逃应缴关税的，则属于原产地贸易瞒骗行为。

4. 商品名称或者税号的贸易瞒骗

海关对进出口货物征收多少税款，与商品名称或者商品税号有直接关系，不同商品名称有不同的税号，不同税号的关税税率不尽相同。例如，企业将进口高税率的商品伪报为低税率的商品，达到少缴税款的目的，这种故意伪报商品名称的行为，则属于商品名称的贸易瞒骗。

---

① 国务院关税税则委员会关于 2023 年关税调整方案的公告，税委会公告 2022 年第 11 号。

二、涉税贸易瞒骗与跨境偷运走私的危害性质比较

涉税贸易瞒骗行为发生在贸易渠道，即从港口、机场等设立海关的口岸通道进出口；而跨境偷运走私为绕越设关地的走私，即绕过海关监管的进出境口岸，从未设立海关的边境、海上直接将普通货物秘密偷运出入境。贸易瞒骗和跨境偷运出入境，看起来都是偷逃普通货物的应缴税款，但是二者在行为主体、行为方式以及危害后果等方面均有实质性的区别。

（一）实施主体不同

贸易瞒骗的实施主体以依法成立的法人单位或者其他组织为主。实践中，从事对外贸易经营活动主要是依法办理工商登记或者其他执业手续的法人、其他组织实施的，个人不能向海关办理申报进出口手续。所以，在贸易瞒骗案件中，绝大部分违法行为是单位实施的，只有少部分个人假借公司名义进行贸易瞒骗活动，才会被认定为自然人实施的违法行为。

跨境偷运走私行为的实施主体，多为自然人，偷运走私入境、绕过海关监管，无需向海关申报，而且自然人身份更为隐蔽，偷运走私的行为更难以被发现，所以在偷运走私中，多是自然人结成走私团伙，共同完成偷运走私活动。

（二）行为方式不同

贸易主体在进出口过程中，需要如实向海关申报各种征税要素，比如申报与货物相关的价格、数量和原产地等，海关以此作为进出口货物的征税依据。涉税贸易瞒骗，就是贸易主体向海关申报这些征税要素时使用虚假贸易单证，例如虚假的商业发票、装箱单或者虚假的原产地证明，达到偷逃部分或者全部进出口税款的目的。其主要行为特征就是瞒骗，未向海关如实申报。

跨境偷运走私则简单粗暴，完全绕开海关监管，在沿海沿边的非设立海关地点，将普通货物秘密运输、携带进出关境，逃避货物在正常进出口中应当缴纳的全部税款。其主要行为特征是秘密转移、不申报、不纳税，比如在陆路边境地区或者海上，通过非法通道将境外货物秘密运输、携带转移至国内。

（三）侵犯的法益和危害程度不同

涉税贸易瞒骗的货物并未脱离海关监管，涉案货物通关过程完全暴露在海关监管之下，海关有各种监管手段可以发现企业不如实申报，海关对贸易主体、贸易单证、资金流水等要素的查证核实比较容易，其总体风险可控可查。所以，贸易瞒骗行为侵犯的主

要法益仅仅是国家税收利益。

而跨境偷运入境走私，绕越海关监管，不仅偷逃全部应缴税款，而且行为隐蔽性强，除非现场查获，否则在货物非法入境之后，留下证据痕迹少，查证难度很大①。因此，跨境偷运走私，侵犯的法益不但有国家税收利益，而且对国家对外贸易管理制度的破坏性更强、危害性更大。

三、涉税贸易瞒骗与逃税罪的法律责任比较

我国刑法第 153 条的走私普通货物罪与刑法第 201 条逃税罪，都是侵犯国家税收利益的犯罪行为，但是处罚方式上却有巨大差别。同样是逃税行为，范某冰、薇某等人故意逃税数额几亿元，补税并处行政罚款即可，而走私行为逃税几十万元，即使主动退缴违法所得、预缴罚金，主要责任人员也会被判处刑罚。这种法律规制上的差异，与普通民众的正常认知相去甚远，在理论和实务上也引发了广泛的讨论和争议。

（一）两罪行为性质和危害性的简要比较

逃税罪是指纳税人采取欺骗、隐瞒手段进行虚假纳税申报或者不申报，逃避缴纳税款数额较大并且占应纳税额百分之十以上的，或者扣缴义务人采取前述所列手段，不缴或者少缴已扣、已收税款，数额较大的行为。

伪瞒报方式走私普通货物罪与逃税罪同为涉税犯罪，其行为特征基本一致，都是违反相关法律行政法规，逃避行政机关监管，偷逃国家税款的行为。前者是偷逃海关关税和进出口环节代征税，后者是偷逃国内所得税等税种，本质上都是偷逃应缴国家税款，两罪的行为性质和社会危害性基本相当②。

（二）逃税罪的行政处罚前置

与走私普通货物罪偷逃税款 10 万元（单位犯罪 20 万元）直接入罪的法律规定不同，逃税罪规定了行政处罚前置，即当事人构成逃税的，在税务机关依法下达追缴通知后，补缴应纳税款，缴纳滞纳金，并受行政处罚的，不予追究刑事责任，即初犯接受行政处罚可以免罪，并有两次免罪的机会。

逃税罪行政处罚前置是 2009 年《刑法修正案（七）》的新增规定，是立法机关借鉴国外的经验，通过非犯罪化的处理方式适当缩小了逃税罪的犯罪圈，在维护国家税收利益的同时又对逃税行为的犯罪化进行合理的限制，也有利于节约国家司法资源，体现宽严相济的刑事政策。对逃税行为予以行政处罚，行为人受到教育和处罚的同时，违法行

① 陈鹿林，《聊聊海上走私》，载微信公众号“岸之汀兰”，2019 年 1 月 4 日。

② 渠双平，《建议修改刑法第 153 条，对走私普通货物物品罪规定首犯免罪》，载微信公众号“平辩关事”，2022 年 1 月 21 日。

为也已得到纠正，这样规定并不会削弱对逃税行为的打击力度，反而有利于增强纳税人的纳税意识，也有利于扩大税源和巩固税基、促进社会和谐和稳定。在此次修正案中，立法机关还将偷税罪改为逃税罪，充分体现对待逃税行为的更为理性务实的立法态度。

据新华社报道，网络主播薇娅（黄薇）在2019年至2020年期间，通过隐匿个人收入、虚构业务转换收入性质虚假申报等方式偷逃税款6.43亿元，其他少缴税款0.6亿元，依法对薇娅作出税务行政处理和处罚决定，追缴税款、加收滞纳金并处罚款共计13.41亿元①。正是得益于行政处罚前置制度，行为人得以免予刑事处罚，有机会再为社会创造财富，而且高额罚款已经对行为人作出惩戒，对逃税行为形成威慑，追缴税款以弥补国家损失。

（三）刑期比较

不仅逃税罪有行政处罚前置的免罪制度，在定罪量刑标准上也与走私普通货物罪不同，逃税罪最高量刑是七年有期徒刑，并处罚金；而伪瞒报走私普通货物罪最高可判无期徒刑，并处偷逃应缴税额一倍以上五倍以下罚金。这里通过下面两个案例比较一下二者在定罪量刑上的差异。

案例一：孟某逃税案②

被告人孟某系北京某书刊发行公司法定代表人，2009年9月，其为逃避缴纳税款，采取“大头小尾”的方式，给中国某总公司开具《北京市服务业、娱乐业、文化体育业专用发票》，逃避缴纳税款数额 22 517 647.99 元，逃避缴纳税款额占应纳税额比例为98.75%。经税务机关税务处理、行政处罚后，仍不缴纳税款。法院认为，北京某书刊发行公司采取欺骗手段进行虚假申报，逃避缴纳税款数额巨大并且占应纳税额百分之三十以上，被告人孟某作为直接负责的主管人员构成逃税罪，最终对其判处有期徒刑四年，并处罚金十万元。

案例二：胡某波走私普通货物案③

被告人胡某波系杭州福某水产有限公司股东、法定代表人。2009年6月至2012年2月期间，胡某波以公司名义与外商签订水产品贸易合同，为牟取非法利益，胡某波伙同他人制作低于实际成交价格的合同、发票，并将这些虚假单证交给上海东某国际货运代理公司办理报关进口手续。货物报关进口后，胡某波先使用公司正常外汇额度支付部分货款，再使用离岸账户向外商支付低报部分货款。经核定，偷逃应缴税款人民币20 160 933.29元。法院认定被告人胡某波作为杭州福某水产有限公司直接负责的主管人员，伙同他人采用低报进口货物价格的方式走私进口水产品，逃避海关监管，偷逃应缴

① 《薇娅偷逃税被罚》，载新华网，2021年12月20日。

② 中国裁判文书网，（2021）京0102刑初588号。

③ 中国裁判文书网，（2013）浙杭刑初字84号。

税款，其行为已构成走私普通货物罪，且情节特别严重，最终判处其有期徒刑十五年，没收公司违法所得 145 万元。

上面两个案例，同样是偷逃税款 2 000 多万元，同样是单位犯罪，直接负责的主管人员犯罪情节基本相同，逃税罪只判处四年有期徒刑，走私普通货物罪判处十五年有期徒刑。

小结：走私普通货物罪与逃税罪，同为《刑法·分则》第三章“破坏市场经济秩序罪”下的罪名，侵犯法益相同，社会危害性相当，但是在免罚制度以及定罪量刑上截然不同，法律上明显存在不公平、不合理的现象，有必要予以及时修改和调整，重新建立公平合理的法律秩序。

四、国内外涉税贸易瞒骗行为的法律责任比较

根据我国刑法第 153 条走私普通货物罪及《关于办理走私刑事案件适用法律若干问题的解释》（法释〔2014〕10 号）第 16 条、第 24 条的规定，企业贸易瞒骗偷逃税款人民币 20 万元～100 万元的，对主要责任人员处 3 年以下有期徒刑；偷逃税款人民币 100 万元～500 万元的，属于情节严重，处 3～10 年有期徒刑；偷逃税款人民币 500 万元以上的，属于情节特别严重，处 10 年以上有期徒刑，对单位并处偷逃税款 1～5 倍的罚金。可见，我国刑事法律对行为人逃避海关监管，偷逃国家税款的贸易瞒骗行为，主要处罚方式是对行为人实施监禁刑，并处经济上的罚金。那么，国外法律对商业主体贸易瞒骗或者贸易欺诈行为，法律上或者案例上是如何处理的呢？笔者搜集了美国、英国和新加坡等典型国家的贸易瞒骗相关案例和相关法律规定，发现各国对贸易瞒骗的处罚方式均不尽相同，但有一个共同特征，即对贸易瞒骗行为人的人身监禁刑较轻，对贸易瞒骗主体的经济刑罚较重，与我国法律形成强烈的反差，具体阐述如下。

（一）美国

《美国法典》（United states code）第 18 篇第 542 条以虚假陈述方式输入货物行为的规定[①]：

---

① **§ 542. Entry of goods by means of false statements** Whoever enters or introduces, or attempts to enter or introduce, into the commerce of the United States any imported merchandise by means of any fraudulent or false invoice, declaration, affidavit,letter, paper, or by means of any false statement,written or verbal, or by means of any false or fraudulent practice or appliance,or makes any false statement in any declaration without reasonable cause to believe the truth of such statement, or procures the making of any such false statement as to any matter material thereto without reasonable cause to believe the truth of such statement,whether or not the United States shall or may be deprived of any lawful duties; or Whoever is guilty of any willful act or omission whereby the United States shall or may be deprived of any lawful duties accruing upon merchandise embraced or referred to in such invoice, declaration, affidavit, letter, paper, or statement, or affected by such act or omission—Shall be fined for each offense under this title or imprisoned not more than two years, or both.

“任何人通过任何欺诈性或虚假的发票、声明、宣誓书、信件、文件，或通过任何书面或口头的虚假陈述，或通过任何虚假或欺诈性的做法，将任何商品进口、引入或试图进口、引入美国商业领域；或在没有合理理由相信其真实性的情况下，在任何声明中作出虚假陈述，或促使对任何重要事项作出虚假陈述，无论美国是否可能因此损失任何合法的关税。”

对本标题下的每一项罪行应处以罚款，或不超过两年的监禁，或两者兼施。根据美国法典的上述规定，行为人向美国输入货物，采取虚假陈述的方式瞒骗美国海关或者政府，不管是否导致少缴税款，均可以追究刑事责任，但对行为人最高刑期是 2 年监禁，或者处以一定数额的罚款，或处以监禁的同时并处罚款。

从美国贸易瞒骗案例①中我们可以看出，行为人瞒骗美国海关或者政府，只要实施了虚假陈述或者瞒骗行为，无论结果是否有少缴税款，均可以对行为人进行罚款，如果存在少缴关税，或者逃避反倾销税，罚款数额大小与偷逃税款的大小成正比，但对行为人的监禁等自由刑，似乎与偷逃税款的多少无关，只与虚假陈述的程度和恶性有关，但最高刑期是 2 年监禁。

（二）英国

英国《海关和消费税管理法》第 139 节规定，任何进口货物未在港口装运，并偷运入境或者在货柜中隐藏入境，应征收关税或消费税，但没有支付该税款的，这些货物应被没收。英国《财政法（2003）》第 25 节规定，任何从事旨在逃税的行为以及其行为涉及不诚实，应受到相当于逃税或试图逃税金额的处罚。但在一定情况下，可以申请减轻罚款。英国皇家税务局《HMRC 公告 300：海关对涉嫌逃税的民事调查》（对逃避相关税收或关税的处罚）规定，若及早如实解释可获最高 40%的减轻罚款；若出席会议、回答问题或者如实披露，也可获最高 40%的减轻罚款。因此，多数情况下，可获得的最高减免罚款为进口关税的 80%。②

上述规定，可以理解为：偷运货物入境偷逃税款的，可以没收涉案货物，以欺骗方式申报进口货物的，可以补税罚款，但均未见英国相关法律条款对瞒骗进口税款行为人

① 瞒报越南鲇鱼商品名称案，载美国司法部官网媒体，案情：2003 年 1 月，因越南鲇鱼的销售价格明显低于当时的市场价格，为保护公平竞争，美国商务部对所有进口自越南的鲇鱼征收反倾销税，起初反倾销税高达 63.88%，此后针对越南鲇鱼的反倾销税率多次根据市场情况进行调整。A 是一家海鲜公司的首席执行官。2004 年至 2006 年，A 指示越南公司在商业合同、采购订单上将越南鲇鱼标记为石斑鱼，以虚假陈述的方式将共 528 吨越南鲇鱼以石斑鱼的名义进口到美国，逃避 6 000 多万美元反倾销税。此外，2004 年至 2005 年，A 还通过弗吉尼亚州的一家公司购买了价值超过 50 万美元的越南鲇鱼，并在全美境内以越南鲇鱼冒充其他鱼类进行分销。A 因为进口虚假标签水产品（《刑法典》542 节进口货物时进行虚假陈述）被判入狱 18 个月和销售贴有虚假标签的水产品（《食品药品管理法》第 331 条及第 333 条，将带有虚假标签的水产品带入洲际贸易）被判入狱 22 个月，两项刑罚“同时进行”，意味着 A 需要入狱 22 个月，附加 1 年监外看管。A 还需要补缴偷逃的关税，反倾销税共计 6 417 万美元。

② 英国《海关和消费税管理法》《财政法（2003）》《英国税务海关总署公告 300》，载 legislation.gov.uk，网址 https://www.legislation.gov.uk/ukpga。

追究监禁罚的刑事责任。

（三）新加坡

《新加坡海关法》第 128 条规定，任何人以任何方式参与欺诈性规避或试图欺诈性规避任何关税或消费税的行为，均属犯罪。任何人犯了第 128（1）、128A（1）、128B（1）或 128C 条规定的罪行，一经定罪，可处以不超过 10 000 美元的罚款，或相当于应缴关税、消费税的数额，以数额较大者为准，或处以不超过 12 个月的监禁，或同时处以这两种处罚。

根据《新加坡海关法》的上述规定，进出口货物，瞒骗海关偷逃税款的，构成犯罪，对行为人处不超过 12 个月的监禁，或者处偷逃税款 1 倍的罚款，可以两者并处。在实际案例①中，偷逃税款数额巨大的，大多是几个月监禁和罚款并处，偷逃税款数额较小的，大多是单处罚款，对行为人不处监禁。

小结：以上具有代表性国家的法律和司法判例，对行为人向海关虚假申报价格或者原产地等偷逃国家税款的行为，均未界定为走私行为。根据《关于防止、调查和惩处违犯海关法罪实行行政互助的国际公约》（International Convention on Mutual Administrative Assistance for the Prevention，Investigation and Repression of Customs Offences，简称《内罗毕公约》），“走私”被定义为“以任何秘密方式将货物运过关境的欺诈海关行为”。而虚假陈述或者虚假申报，是向海关申报过程中采取的贸易瞒骗，与秘密偷运的走私行为有着显著不同。贸易瞒骗的处罚方式是以罚款补税为主，以刑事处罚为辅；而各国对走私行为的处罚，是以追究刑事责任为主，罚款为辅。上述国家相关法律规定和司法判例，具有一定的合理性，可以作为我国相关法律修改的借鉴和参考。

五、《中华人民共和国海关法》和《中华人民共和国刑法》相关条款的修改建议

2023 年 11 月 10 日，海关总署发布了《中华人民共和国海关法》（修订草案征求意见稿），向全社会征求修改意见。笔者建议起草者结合我国外贸形势的变化，参考《中华人民共和国税收征收管理法》第 63 条和《中华人民共和国刑法》第 201 条关于逃税行为的法律责任规定，借鉴发达国家的相关法律规定和案例，审时度势，权衡利弊，对我国海关法律制度中“走私行为”予以重新定义，将“贸易瞒骗”从“走私行为”中剥离出

① 伪造床垫弹簧原产地案，载新加坡海关官网，案情：P 公司从事生产用于制造床垫的无盖弹簧单元，并将这些产品出口到美国。新加坡海关调查显示，在 2015 年 1 月至 2 月期间，该公司销售经理于某通过对先前获得的真实原产地证书进行修改，伪造了 5 份证书，并将这 5 份伪造的证书提供给 P 公司在美国的客户。另外，于某在申请证书时还提供了虚假陈述，称 P 公司出口到美国的弹簧来自新加坡，而不是实际原产地，以逃避反倾销税。于某还在向新加坡海关申报中谎报了 P 公司货物的原产地。以上所涉货物价值超过 615 000 美元，于某被处以 9.2 万美元罚款。

去，在海关法法律责任一章中增加一条“贸易瞒骗”的定义和相应的法律责任，并建议有权机关修改刑法第153条走私普通货物罪的相关规定，将贸易瞒骗行为去罪化，用海关行政处罚代替刑事法律责任。具体条文建议修改如下：

（一）关于《海关法》第82条修改为：

“违反本法及有关法律、行政法规，有下列情形之一的，是走私行为：

“1. 运输、携带、寄递国家禁止或者限制进出境货物、物品进出境，逃避国家对外贸易管制禁止性或者限制性管理的；

“2. 逃避海关监管，从沿海、沿边等未设立海关的地点，运输、携带依法应当缴纳税款的货物、物品进出境的；

……”

（二）在《海关法》第82条走私行为的规定之后增设一条“贸易瞒骗行为”：

“贸易瞒骗行为违反海关法及其他法律、行政法规，经过设立海关的地点，以藏匿、伪装、瞒报、伪报等方式逃避海关监管，运输、携带、寄递依法应当缴纳税款的货物、物品进出境的，是贸易瞒骗行为，处偷逃应纳税款5倍以下的罚款。”

（三）《刑法》第153条“走私普通货物、物品罪”修改为：

“走私本法第一百五十一条、第一百五十二条、第三百四十七条规定以外的货物、物品的，根据情节轻重，依照下列规定处罚：

“从未设立海关的地点，偷运或者携带货物、物品进出境，偷逃应缴税额较大的，处三年以下有期徒刑或者拘役；偷逃应缴税额巨大的，处三年以上十年以下有期徒刑；偷逃应缴税额特别巨大的，处十年以上有期徒刑。以上情形，可以并处偷逃应缴税额一倍以上五倍以下罚金。

“单位犯前款罪的，对单位判处罚金，并对其直接负责的主管人员和其他直接责任人员，依照前款的规定处罚。

“对多次走私未经处理的，按照累计走私货物、物品的偷逃应缴税额处罚。”

（四）如《海关法》“走私行为”定义未能修订，则《刑法》第153条修改为：

“走私本法第一百五十一条、第一百五十二条、第三百四十七条规定以外的货物、物品的，根据违法方式和情节轻重，分别依照下列规定处罚：

“（一）从未设立海关的地点，偷运或者携带货物、物品进出境，偷逃应缴税额较大的，处三年以下有期徒刑或者拘役；偷逃应缴税额巨大的，处三年以上十年以下有期徒刑；偷逃应缴税额特别巨大的，处十年以上有期徒刑。以上情形，可以并处偷逃应缴税额一倍以上五倍以下罚金或者没收财产。

“（二）经过设立海关的地点，以伪报、瞒报、藏匿、伪装或者其他方式逃避海关监管，偷逃应缴税额较大的，处三年以下有期徒刑；偷逃应缴税额巨大或者特别巨大的，处三年以上七年以下有期徒刑。以上情形，可以并处偷逃应缴税额一倍以上五倍以下罚金。

“经海关责令补缴税款，并接受海关行政处罚的，不予追究刑事责任，但因走私普通货物罪受过刑事处罚或者因偷逃应缴税款被海关给予二次以上行政处罚的除外。

“单位犯前款罪的，对单位判处罚金，并对其直接负责的主管人员和其他直接责任人员，依照前款的规定处罚。

“对多次走私未经处理的，按照累计走私货物、物品的偷逃应缴税额处罚。”

参考文献

[1] 张明楷. 刑法学（第六版）[M]. 北京：法律出版社，2021：77－87.

[2] 陈鹿林. 走私犯罪司法认定 [M]. 北京：法律出版社，2023：92－97.

[3] 南英.《关于办理走私刑事案件适用法律若干问题的解释》理解与适用 [Z]. 中国法制出版社，2015：254－258.